ポジティブ哲学！

三大幸福論で幸せになる

哲学者
小川仁志

清流出版

ポジティブ哲学！

三大幸福論で幸せになる

☘ はじめに 「三大幸福論」から得る幸せの見つけ方

日本が経済成長という目標を失ってから、もう何年経つでしょうか。もちろん政府や企業は相変わらずこのスローガンを唱えていますが、どうも日本国民はもうすっかり成熟社会を受け入れてしまっていて、次の目標を模索し始めているように思えてなりません。

「幸福」というキーワードが頻繁にメディアに登場するようになったのはその証拠です。私たちにとっていったい何が幸福なのか？ 幸福な人生とは？ 幸福な社会とは？ そんな疑問が巷を席巻しています。

当然、経済学や心理学をはじめとして、様々な学問分野がこの課題に取り組みつつあります。そこで私も、哲学の立場から幸福の意味についてアプローチするとともに、現代日本人にとっての目標を模索しているわけです。

本書はその壮大なプロジェクトの一環として、私が幸福について書いた2冊目の本です。最初の本は『絶対幸せになれるたった10の条件』（教育評論社）というもので、古今東西の幸福論を分析し、10の条件にまとめています。そのうえで、ポジティブに物事の本質を考え、ポジティブになるための「ポジティブ哲学」という概念を提起しました。

一言でいうと、「ポジティブ哲学」とは、物事の本質を前向きにとらえる思考法を指しています。つまり、物事には何でも二つの側面があります。同じ出来事も見方によってポジティブにもネガティブにもとらえることができるのです。コップに入った半分の水は、まだ半分あるとも、もう半分しかないともとれるように。

もしそうだとすれば、常にポジティブなほうばかりを見ることによって、常に幸せな気分で過ごすことは可能なはずです。これは事実から目を背けるという行為とはまったく異なります。コップに注がれた水が半分なのは事実ですから。あくまでその事実をどうとらえるかという問題なのです。

私が哲学を通じて訴えているのは、そうした前向きな本質のとらえ方であり、それに基づく前向きな生き方にほかなりません。前著で初めて宣言した「ポジティブ哲学」の概念には、そうした意図が込められています。

ただ、前回はあまりに多くの幸福論を一気に扱ったため、総花的になってしまったのも事実です。そこで、一度じっくりと三大幸福論といわれる幸福哲学の王道に対峙してみたいと思っていました。今回はようやくそれが実現したかっこうです。

具体的には、三大幸福論とはアラン、ラッセル、ヒルティの幸福論を指しています。まさに世界を代表する幸福論の名著といっていいでしょう。古典とはいえ、現代人にも通じる幸せのヒントがたくさん述べられています。

これらは各々特徴があるわけですが、他方で不思議と共通する要素もあります。本書の中では、ぜひその異同にも着目しながら、三者のエッセンスをお示ししていきたいと思います。たとえば、アランの幸福論は、徹底した楽観主義に貫かれており、人生に対して前向きな気持ちになれます。また新聞に投稿したプロポと呼ばれる短いエッセーのコレクションなので、読みやすいことでも有名です。

ラッセルの幸福論は、一言でいうなら、様々なことに興味を持って、人生の楽しみを増やそうと呼びかけるものです。その中に論理哲学者としての厳しい洞察も垣間見えるれっきとした哲学書です。

ヒルティの幸福論は、キリスト教の視点から書かれたものです。ただ、何かを信じることによって幸福な気持ちになれるのは、宗教を信じない人にも当てはまることだと思います。その意味で、普遍的な内容を備えているといっていいでしょう。

本書では、このような三大幸福論の概要を紹介しつつ、現代生活への生かし方について説明しています。そのために、本文の引用のほか、それを私がわかりやすく言い換えたもの（「わかりやすくいうと…」の箇所）を掲載し、その後で解説をする構成になっています。しかも各項目は４ページで完結していますので、どこから読んでもらってもいいと思います。

本当は三大幸福論を1冊ずつ取り扱ってもいいくらいなのですが、あえて共通点を探るためにも本書では三つセットにして論じてみました。興味を持たれた読者の方は、ぜひ後でオリジナルの古典を読み比べてみるといいでしょう。引用した古典は、主な引用・参考文献として巻末で紹介しています。本書が古典へとつながる橋渡しになれば幸いです。

それではただいまより、幸福な人生を模索する旅にご案内しましょう。

くじけない楽観主義
―アランの『幸福論』

外の世界に目を向けよう
―ラッセルの『幸福論』

信念を持って生きる
―ヒルティの『幸福論』

くじけない楽観主義

——アランの『幸福論』

✿ アラン『幸福論』の特徴

『幸福論』の著者アラン（1868～1951）は、本名をエミール・シャルティエといいます。彼は、リセと呼ばれるフランスの高等中学校の哲学教師で、アンドレ・モーロワやシモーヌ・ヴェイユといった著名な思想家を育てた人物です。

アランの『幸福論』を一言で要約すると、幸福になるためのヒント集とでもいえましょうか。というのも、実はこの本は、原題である「幸福についてのプロポ」からもわかるように、色々なエッセーを集めたものなのです。プロポとは、紙葉1枚2ページに書かれた断章のことです。アランはこのプロポを毎日書き続けたそうです。しかも2時間で一気に書き上げたとのこと。たしかにそんな躍動感を感じる文章です。

また彼の文体は非常にわかりやすいものです。それもそのはず、このプロポは新聞に掲載するために書かれたものだからです。その意味で『幸福論』は、体系的な哲学書とは異なります。総計5000にも上るプロポの中から、幸福に直接的、間接的に関連する内容のものがまとめられています。

いずれもユニークな視点から書かれており、どれを読んでも新鮮なのですが、それでもその数々のプロポに共通する要素があります。それは人生に対する彼の前向きな姿勢です。後で出てきますが、アランは自分の立場を「不撓不屈《ふとうふくつ》のオプティミズム」などというふうに表現しています。つまり、いずれの項目も決して現実を軽視した単純な楽観主義ではなく、むしろ現実の厳しさをしっかりと認識したうえで、それでも乗り越えようと立ち向かう「くじけない楽観主義」に貫かれているのです。

そのことは、問題があっても気分をよくすれば幸福になれるとか、幸福は自分で探さなければならないといった厳しくも楽観的なアドバイスからうかがい知ることができます。

アランの幸福論でもう一つ特徴的だと思われるのは、自分の価値基準をしっかり持つよう説いている点だといえます。自分の価値基準さえしっかりしていれば、他人の評価や多少の失敗さえも気にならないはずです。

アランはそのことを訴えているのです。だから気にせず大胆に生きるよう呼びかけます。つまり何かにとらわれていては、幸福になどなれないのです。自由に考え、自由に行動することではじめて幸福になれる。まさにアラン自身、毎日自分の思いをプロポに表現することで、それを実践していたように思えてなりません。

悲しみとの向き合い方

悲しいことがあると、まるでそれが永遠に続くかのように思ってしまいがちです。時には悲しいことが起こる前から、不安になって苦しんでしまうことすらあります。どのように向き合えばよいでしょうか？　アランは次のように述べています。

引用（アラン『幸福論』）

「悲しみなんて、病気にすぎない。だから、病気を我慢するように我慢したらいいのだ。そんなに、なぜ病気になったのかとか、あれこれ考えないで」。そこから、つぎつぎ出てくる辛辣な言葉をけちらすのだ。心の悲しみをおなかの痛みのように考えるのだ。

わかりやすくいうと…

悲しみは病気のようなものだ。だから病気が癒えるように、いつかは悲しみも必ず癒えるはず。

私たちは悲しみを感じますが、同じ悲しみでも、時期によってその悲しさの度合いが異なります。普段はあまり思い至らないことですが、ちょっと考えてみましょう。時系列でいきますと、悲しみはまず想像の段階で生じます。

先日インターネットで、ドッグフードのCMを見ました。飼い主がペットの犬を溺愛していて、その犬に向けて手紙を読み上げる構成になっています。そして飼い主はいいます。もしあなたが死んでしまったらと考えると、胸がぎゅっとなると。

そう、人は悲しみをあらかじめ想像することができるのです。このときの悲しみは相当大きなものになります。なぜなら、まだ生じていないので、想像がふくらむのです。いいことも悪いことも、人間は過大に想像するものです。

次に実際に悲しみが訪れます。この悲しみの度合いが最も大きいだろうことは、おわかりいただけると思います。現実に悲しむべき事実が起こっているのですから。ただし、あまりにも悲しみが大きすぎる場合、人はそれが理解できず、少し経った後に悲しみに襲われるという事態があり得ます。

頼るべき人が死んでしまって、悲しむより先に生きて行くことを考えなければならないようなときも同じです。よく戦争で夫を失った人が、子どもたちを食べさせていかなければならなかったので、悲しんでいる暇はなかったという話を聞きます。

では、その悲しみはいつまで続くのか？　それは悲しみの質によって、あるいは人によって違うでしょうが、一般的にいえるのは、いつまでも同じ度合いで続くことはないということです。悲しみはやがて癒えていくのです。

それは人が記憶を忘却していく度合いに比例して起こります。もちろん何かのきっかけで過去の悲しみが蘇ることはありますが、基本的には一過性のものとしてまた消えていくのです。

アランはそれをお腹の痛みにたとえています。たしかにお腹の痛みには山があります。だんだん痛くなってきて、ピークがあって、そして次第に癒えてくる。悲しみが心の痛みだとすれば、たしかにそれは自分の身体の中の臓器の痛みと同様にとらえることができるのかもしれません。

大切なことは、悲しみがいつか必ず消え去ると信じることです。悲しみを感じている最中には、とてもそんなふうには思えないでしょう。きっとこの世の終わりのごとく感じることでしょう。そして実際に、悲しみゆえに命を絶つ人もいます。

私だって、自分の子どもが死ぬようなことがあれば、多分自分も後を追って死ぬだろうと今は思っています。ただ、忘れてはいけないのは、実際に子どもを溺愛し、子どもを失ったら同じように自分も死ぬと思っていた人たちが、なんとか頑張って生き続けている事実があることです。

少なくとも悲しみは癒えるという事実を頭の片隅に入れておかないと、毎日が怖くて生きて行けなくなってしまいます。まだ悲しいことが起こっていないのに、想像の悲しみのために幸せに生きられない、あるいは悲しみによって死んでさえしまうなんて。だからアランもあえて軽くいい飛ばしているのでしょう。辛辣な言葉を蹴散らしてしまえと……。

まとめ

悲しみはいつか消えることを忘れてはいけない。

喜びは人生を変える

日曜の夕方が嫌いな人はどれくらいいますか？　月曜の朝、雨が降っていると外に出たくなくなる人はどれくらいいますか？　もし当てはまる人は、その理由を一緒に考えてみましょう。きっと気分がよくなるはずです。

引用（アラン『幸福論』）

「うまく行ったからうれしいのではなく、自分がうれしいからうまく行ったのだ」といつも考えなければならない。

わかりやすくいうと…

実は気分は結果によって決まるのではなく、気分そのものによって決められている。

気分のいい日は週に何日くらいありますか？　よく聞くのは、1～2日といったところでしょうか。昔よく「花金」といいましたが、金曜日はほとんどの人にとって週末前の最後の日なので、気分がよくなるのです。実際、仕事の後飲みに行ったりします。子どもたちも、週末は学校がないので喜びます。

土曜日もまだ翌日が日曜日で休みなので、比較的気分がいいですね。でも、日曜はもうだめです。「サザエさん症候群」という言葉があるように、日曜の夕方にもなると、もう翌週のことを考えてしまってブルーになるからです。ご存じない方のために、サザエさん症候群について一言説明しておきましょう。

これは日曜の夕方放映されてきたサザエさんを見ると、週末の終わりを感じ、鬱《うつ》傾向を示す現象をいいます。でも、サザエさんを見ない人もいますし、ひどい人は翌週のことを考えて週末そのものを楽しめないらしいので、私はこれをもっと広く「週末思想」と呼んでいます。世界の終わりを想定する「終末思想」とかけたものです。

ちなみに月曜日は最悪の日として挙げる人が多いですね。月曜朝いちの仕事を嫌う人が多いのは、体がついていかないだけでなく、気持ちも滅入っているからでしょう。雨の日の月曜は特に危ないですね。ブルーマンデーなどという言葉もあるくらいです。

このように、週に最低2日ほどしか気分がよくないなんて、何かおかしいと思いませんか？　これではまるで、私たちが人生の3分の2以上を苦しむために生まれてきたみたいじゃないですか。

これに対してアランが提案する「気分は気分次第」という発想は、人生をブルーからバラ色に変えてくれます。私たちは何かいいことがあるから気分がよくなり、逆に悪いことがあるから悪くなると考えがちです。ところが、それは違うというのです。

まったく正反対で、気分がいいから気分がよくなり、気分が悪いから気分が悪くなるというわけです。まるで禅問答のようですが、そうでもありません。アランは、寒さに抵抗する方法は寒さをいいものだと思うことしかないといっていますが、冬にビールのCMを見るたび、その通りだなと感じます。

なぜなら、普通、ビールは汗をかいて、喉がからからのときに飲むのが最高なのですが、冬にも売るために、こたつで鍋を囲んで、いかにもおいしく飲めるかのように演出しているからです。あれを見ると、本当にそう思えてくるから不思議です。結局、人間の気分というのはそんなものなのです。イメージの抱き方次第で、いくらでも変わるのです。

「心頭を滅却すれば火もまた涼し」とまではいかないでしょうが、少なくとももっと毎日を気分よく過ごすことくらいはできそうです。私はアランの思想を実践して、毎日楽しいことばかり想像することにしています。日曜の夕方は、「よし、来週はあんなことをして、みんなを驚かせよう」というふうに楽しい計画を練るのです。実際にどうなるかはわからないのですから、計画して楽しんだ者勝ちです。願うと叶うこともありますし。そうすると急に、嫌な気分の「週末思想」は、翌週を楽しみに待つ「週待つ思想」に変わるはずです。ぜひ試してみてください。

まとめ

週末を終わりではなく、翌週を楽しみに待つ「週待つ」に変えよう。

運命は、自分でよいものにできる！

私たちの運命は決められているのかどうか。これについては意見が分かれますね。でも、答えは誰にもわかりません。とするならば、どう信じて生きて行くのがより幸せかという話になります。さて、アランの答えは……。

引用（アラン『幸福論』）

どんな運命もそれをよいものにしようと欲するならば、よい運命となるのだ。自分自身の性質について、とやかく言うことほど自分の弱さをあかししているものは何もない。

わかりやすくいうと…

運命は自分の気持ち次第でよくも悪くもなる。悪くなると考えるのは自分が弱いからである。

皆さんは運命を信じますか？　それともすべては自分がコントロールできると思っていますか？　誰だってコントロールできると思いたいですよね。でも、そう簡単ではありません。アランにいわせると、私たちが始めることのできるものは何もないそうです。たとえば、疲れて腕を伸ばすのも、自分で命令したわけではなく、自然に伸ばしているにすぎないというように。そしてこの自然にというのが、いわば運命なのです。これは極端な例ですが、たしかに食べ物にあたるのも、宝くじに当たるのも、自分ではどうしようもありません。まさに運命です。確率をコントロールすることはできるかもしれませんが、だからといって毎回宝くじに当たる人はいません。

だから運の悪い人は、不幸が連続したりします。自分のせいでもないのに。そんなときはもう人生が嫌になりますが、それでもどうしようもないのです。では、どうすればいいか？

アランは運命を受け入れよといいます。ドイツの哲学者ニーチェも運命を受け入れることで苦しみを乗り越えることができると主張していますが、アランはもっとポジティブです。なにしろどんな運命もよいものになるといっていますから。

運命を仕方ないものとして受け入れるのは、なんとかできるかもしれません。でも、それをよいものとして受けとめるなんて、はたしてできるのでしょうか？　一つ考えられるとしたら、それは「人間万事塞翁《さいおう》が馬」の諺《ことわざ》のとおり、悪いこともいいことに転じ得ると思うことでしょう。

そしてこれは考え方次第です。どんな不幸にもそれ以上の不幸というのが理屈上は考えられます。死でさえもタイミングや死に方次第でとらえ方が変わってきます。ですから、より不幸になるよりこの不幸はましだったととらえることが可能なのです。要はそういう物の考え方ができるかどうかです。アランは、心の弱い人はそうは考えられないといいます。

それから、運命に関してアランはもう一つ大事なことを指摘しています。それは後悔についてです。自分の選択によって、悪い結果が起こったとしても、それは仕方ないということです。だから悪い結果を恐れて行動を控えるのは愚かだと指摘するのです。そのくせ人は、行動を控えたことを後悔したりします。

アランが例に挙げるのは、「ああ、どうしておれは学んでおかなかったのか」と後悔する人です。なんらかの理由で行動を控えたのでしょう。でも、それは怠け者の言い訳だと論難します。それなら学べばいいのだと。

あれこれ考えすぎると、人は悪い運命を想定し、ついには行動を控えることになりかねません。ならばどんな結果も受け入れると開き直ればいいのです。それを可能にするのは、どんな結果も最終的にはよいものになり得ると思えるかどうかです。

とりわけ何かを学んで後悔することなど絶対にあり得ません。学んだことは必ずプラスになるからです。私も20年前の商社のサラリーマン時代に、仕事で半ば強制的に中国語を学ばされたことがあります。その会社を辞めてからは、もう使うことはないと思っていました。あのときは、もっとほかのことにエネルギーを費やせばよかったと後悔したものですが、今度は仕事で中国語が必要になってきました。もちろん今はラッキーだったと感じています。人生なんてそんなものです。

まとめ

いかなる運命もよいものだと思って受け入れることで、幸せになれる。

悪口なんか聞き流そう

皆さんは悪口をいわれるのは嫌ですか？　いくら品行方正にしていても、必ず悪いことをいう人はいるものです。でも、だからといって他人をコントロールすることはできませんよね。では、どうすればいいのか？

引用（アラン『幸福論』）

すべてのことに注意を向けていること、言い換えれば、あらゆることを恐れていること。この広大な宇宙のいっさいの音や動きを消し去ることのできない人たちを、ぼくはあわれだと思う。

わかりやすくいうと…

いつも人からの噂や評価にびくびくしている人は、損をしている。

この項目の引用箇所には、「巫女《みこ》の心」というタイトルがついています。なんのことかなと思って読んでみると、どうやらある哲学者が、注意深く聞き耳を立てている状態をそう呼んだことから引いているようです。たしかに巫女は神のお告げを聞くために、全身を耳のようにしてその声を聞こうとします。

それを外部のあらゆる声に恐れている様子と重ね合わせたわけです。私の周りにも、そういう人がいます。人の噂や他人からの評価にいつも敏感になっている人です。自分が自信を持っていれば、何もびくびくする必要はないと思うのですが、やはり気になるのでしょうね。

そういう人はぜひもっと自信を持ってもらいたいと思います。そんなことといわれても、どうやって自信を持てばいいのかわからないという人がいます。もちろん自分がその分野で世界一なら大丈夫でしょう。よほど謙虚な人は除いて、世界一の人は自信を持っているものです。オリンピックで金メダルでも取れば、どんなに謙虚な人でもさすがに自信たっぷりに見えます。

ところが、それ以外の事柄で、どうやって自信を持てばいいのか。アランは面白いことをいっています。人間は地球の王者だから、いちいちびくびくしなくていいというのです。これはなかなか大げさな表現ですが、事実です。

私たちは、いかなる猛獣をも支配できる地球の王者なのです。だから同じ人間である私たちは、もっと何事にも自信を持っていいのです。金メダルやノーベル賞を取る人はすごいですが、同じ人間です。私にもあなたにも可能性はあるはずです。

とはいえ、現実には何ごとにも自信を持つというのは難しいでしょうから、せめて気にしないようにするというのはどうでしょう？　自分では大変なことだと思いがちですが、日常のほとんどのことは気にしなくていいことです。

重要でないのはわかっていても気にしてしまうという人は、聞き流す癖をつけることです。ある首相が、ストレスはたくさんあるのに、それが溜まることはないといっていました。なぜなら、次から次へと新しいストレスが入って来るからだそうです。

これは斬新だなと思いました。つまり、人間がストレスを感じる量は決まっており、すべてを蓄積することはできないということです。まるで右から左に聞き流すかのように、ストレスを素通りさせていく。たくさん入ってきたほうが出ていくとは、まさに逆転の発想です。人の意見や評価も同じです。さっと素通りさせればいいのです。

ある意味で、そうやってふてぶてしく大胆に生きることが、幸福に生きる秘訣なのです。ストレスも減るので、長生きの秘訣だといってもいいでしょう。そういえば、先ほどのストレスを聞き流すといった首相も歴史に残る長期政権を誇っています。

人の評価などというものは、9割がねたみです。悪口の一つもいわれないようでは、逆に魅力がないということです。現に魅力的な人の評価は二分されるものです。もちろん私も。

決して悪口をいわれていることへの言い訳ではないですよ……。

まとめ

人の評価など気にせず大胆に生きたほうが、幸福になれる。

今を生きろ！

皆さんは昔に戻りたいですか？ それとも幸福な未来を信じたいですか？ それとも、その日一日を一生懸命生きるだけでいいですか？ たしかに未来を信じるのはいいことですが、問題は、誰にも先のことなどわからないという点です。

引用（アラン『幸福論』）

ぼくの考えをいうと、未来は考えないで、目の前のことだけを見ているほうが好きだ。ぼくは占い師に自分の手相を見せに行かないばかりではなく、事物の本性のなかに未来を読もうともしない。

わかりやすくいうと…

未来のことなど考えても仕方ない。たとえば、占いなど当たるかどうかもわからないのだから。物事の本質は未来にあるのではなくて、今にこそある。だから、今を生きよう。

私たちは、現在、過去、未来という三つの時間を生きています。昔はこうだったとか、あだったとかいう人は多いですよね。人間は過去を背負って生きる存在なのです。いや、もう少し積極的な言い方をすると、過去に頼って生きているのです。でもなぜかそれは後ろ向きな感じがしますね。おそらく、過ぎ去った時間はもう取り戻せないからでしょう。

では、未来はどうか？　私たちは過去や現在と同時に、未来という時間を生きています。しかも未来には過去と違って後ろ向きのイメージはありません。それもそのはず、未来という漢字を見てもわかるように、それは未だ到来していない時間なのです。

人はまだ見ぬ世界に希望を抱きがちです。まだ何の失敗もしていない、汚点一つないきれいなままの時間、世界、人生。それが未来です。その証拠に、未来と名のつく商品や企画はたくさんあります。人の名前にも使われます。

たしかに私たちは、将来に向かって何かを語るとき、とても幸せな気分になります。なにしろ自分の空想次第で、いくらでも幸せな状況を描くことができるからです。ということは、未来のことを考えるのが究極の幸福論だということになりそうです。

でも、アランはそんなふうには考えません。ここが彼の面白いところです。アランは未来よりも今を重視します。彼は占い師に手相を見てもらうこともないといいますが、これは象徴的ですね。

私もアランの考え方に近いのでよくわかります。将来あなたはこんな病気になりますとか、逆にこんな成功をしますといわれても、信じることができないのです。未来は未だ到来しない時間なのですから、誰にも知り得ません。それは空想の世界にすぎないのです。

もし仮にいいことばかり起こると信じ込めたとしても、はたして空想の世界にふけって一生幸福感を得続けるなどということができるのでしょうか？　これって過去の思い出にふけって閉じこもってしまうのと同じことなのではないでしょうか。つまり、ベクトルは異なるものの、過去も未来も、ともに今とは異なる、今ここには存在しない世界に向かって空想をめぐらせるための時間にほかならないのです。

結局私たちは、現実から目をそむけながら幸福になることなどできません。一生空想の中で生きるなら別でしょう。でも、それはもうこの世に生きることではなくなってしまいます。このどうしようもない現実の中で幸福になるためには、現実の中で生きるしかないのです。つまり、今を生きるということです。

ロビン・ウィリアムズ主演の映画に「いまを生きる」という作品がありました。厳しい校則の中で自由の意味を忘れてしまった生徒たちに、型破りな教師が一瞬一瞬の時間を懸命に生きることの大切さを教える物語です。

これはアランの幸福論に通じるものがあります。将来のことをあれこれ考えて悩んでいる暇があったら、今やりたいことをやるべきだというメッセージ。テクノロジーの進化によって、将来のことが色々とシミュレーションできるようになった現代だからこそ、私たちは今を生きることの大切さを思い出さなければなりません。現代人よ、Ｓｅｉｚｅ ｔｈｅ ｄａｙ（今を生きよ）！

まとめ

現実の世界における幸福は、今を懸命に生きることでしか得られない。

意志力が最強

あなたは意志が強いほうですか？　それとも弱いほうですか？　物事を成し遂げるうえで、意志力はとても重要な能力です。意志を強く持ちたい人は、ぜひこの機会にそのための方法を考えてみてください。

引用（アラン『幸福論』）

人間に苦境を脱出する力があるとしたら、人間自身の意志の中だけだ。

わかりやすくいうと…

意志力が強くないと、ほかの力があっても苦境を脱することはできない。

人間にはいろいろな力が備わっています。まず腕力、そして思考力、さらに意志力。忍耐力もありますが、これは意志力の一部でしょう。共感力などというのもありますね。哲学の世界では、当然思考力を最重要のものとして位置付けているわけですが、現実には意志力がなければなんの力を示すこともできないのです。

意志の強い人は、何事も成し遂げることができます。逆に意志が弱いと、何もできないのです。いくら腕力が強くても、思考力が高くても、意志が弱いとだめだということです。その意味では、意志力が大事だというアランの言葉にも納得がいきます。少なくとも、最後は意志力が決め手だということはいえるでしょう。

よく最後は気力なんていいますよね。腕力のいるスポーツも、思考力のいる受験勉強も。意志が強いということは、最後までやりきることにつながります。そして最後までやりきるということは、結果が出ることにつながるわけです。だから幸せになれます。

では、結果が出なかったらどうか？　アランは、自分の失敗を直視できる人を称えていま す。つまり、結果など出なくとも、意志の強い人は動じないというわけです。意志を貫いて最後までやり遂げれば、結果はさほど重要ではないということでしょう。

「自分の力を出し切れたのでよかったです」。これもオリンピックなど一流の選手が競う場でよく聞かれる言葉です。結果ではないのです。それよりも、自分の意志を貫いて、やり遂げることができたかどうかです。そのことのほうが自分にとっては重要なのです。結果が云々というのは、むしろ周囲のほうです。金メダルが取れなかったからだめだとか。

人生は一度や二度の勝負で決まるわけではありません。人生は誰にとっても長期戦であり、闘いは最後まで続くのです。ですから、闘い続ける自信や気力を維持することが大事です。

自分の過去を振り返ってみてもそれはよくわかります。私はこれまでの人生、成功と失敗を繰り返してきました。おそらく多くの人がそうであるように。成功はいつも意志力が持続したときにもたらされました。そして失敗は意志力が続かなかったときに起こりました。たとえば、働きながら大学院で修士と博士の学位を取れたときは、やはり強い意志によって導かれていました。逆に、若いころ司法試験に失敗したり、そのせいでひきこもりのフリーターになってしまったときは、意志が弱かったといっていいでしょう。その意味では、幸福になれるかどうかも意志力次第といえるかもしれません。

難しいのは、こういうことは後になって初めてわかるということです。そのときは気づきません。だからもうだめだとあきらめてしまうのです。タイムマシーンに乗って、当時の自分にアドバイスできるなら、きっとこういうことでしょう。「あきらめるな！　頑張れ！」

と。
それならば、常に将来の自分が見たらどう思うかを意識してやればいいのではないでしょうか？　そうすれば後悔したくないので、もっと頑張るはずだと思うのです。意志力が続くためには、発奮材料が必要です。将来の自分の目から見た後悔は、大きな発奮材料になるに違いありません。

まとめ

意志力が強くなければ、何事も成し遂げることはできない。

欲しい物の手に入れ方

皆さんは何か欲しい物がありますか？　それをどうやって手に入れようと考えていますか？　そのために努力をしていますか？　どうして世の中には、欲しい物を手に入れることができる人とそうでない人がいるのでしょう。欲しい物を手に入れるための方程式について考えてみたいと思います。

引用（アラン『幸福論』）

われわれの社会は、求めようとしない者には何一つ与えない。辛抱強く、途中で放棄しないで求めようとしない者には、とぼくは言いたい。

わかりやすくいうと…

なんでも求めようとしなければ、得ることはできない。そして得られるまで、辛抱強く努力し続けることが大事だ。

キリスト教の聖書にも「求めよさらば与えられん」というような表現がありますね。これは神を信じなければ救われないという意味ですが、何にでもあてはまるような気がします。まさにアランもそういっているのです。

得たいものを得るには、どうやらアランは三つのステップを経なければならないと考えているようです。彼が書いている内容から推測すると、まず①求めること。次に②行動すること、そして最後に、③目的です。順番に見ていきましょう。

①の求めることは最初の一歩といえます。たとえば高校生は大学受験に合格したいと考えるでしょう。合格が欲しいのです。それで皆努力します。結果、合格する人と落ちる人が出てきます。その差は何か？　それはどれだけ合格したいと強く思ったか、その思いの差なのです。

いや、能力の差だとか、努力の差だという人もいるかもしれません。でも、大学受験のレベルなら、能力は努力次第です。別にノーベル賞を取る競争をしているわけではありませんから。問題集を解いた量など、努力に比例して能力はアップします。

ただ、努力できるかどうかは、思いの強さに比例しているのです。合格したいという思いの強い人はよく努力します。だから思いの差が勝負を分けるといっているのです。ほとんどのものは努力で得られます。その意味では思いの強さ次第で得られるということです。

したがって、どれだけ思いが強かったとしても、まったく行動しなければ、さすがに何も得られません。②の行動することを二つ目のステップに挙げたのはそうした理由からです。

アランも、欲しいと思っても、ただ待っているだけではいけないといっています。奇蹟の食べ物マナ、つまり僥倖《ぎょうこう》を望んでも、「はたしてマナはひとりでにころげ込んではこない」というわけです。普通は思いの強さと努力は比例しますが、中にはいわゆる口だけで、行動が伴わない人がいるものです。

そういう人は吠えているだけです。俺は世界一になるとか、金持ちになるなどというふうに。いつ会っても同じことをいっています。私の旧友にもいます。高校生のころからずっと俺は金持ちになるといって、もう数十年がたつのに、何も変わっていません。

彼の場合、自分なりに行動はとっているらしいのですが、何かが間違っているのでしょう。もしかしたら、それは③の目的の部分と関係しているかもしれません。アランはまさにお金儲けについて論じているのですが、「拝金主義者には裁きがくだされる。使いたいと思っている者にはお金はたまらない」というのです。

つまり、お金は儲けようと思わないと貯まらないということです。いくら強い思いをもって、かつ努力しても、目的が儲けることではなく、使うことになってしまっていては、いつまでたっても貯まりません。お金持ちになるどころか、知らぬ間に借金地獄に陥っていることだってあるのです。

私はそういう人も知っています。めちゃくちゃ儲けているはずなのに、借金に苦しんでいる人です。おそらく使い方が間違っているのでしょう。得たいものを得るには、手に入れることだけ考えていてはいけません。それを失わないように頭を使う必要があります。それができた人だけが幸せになれるのです。

まとめ

得たいものを得るには、欲しいという強い思いと行動、そして正しい目的が必要。

広く深く考える

皆さんは、近視眼的になっていると注意されたことはありませんか？　そんなときは窓を開けて遠くの景色を見てください。いかがですか、何が見えますか？　遠くを見ることの効用について考えてみましょう。

引用（アラン『幸福論』）

憂鬱な人に言いたいことはただ一つ。「遠くをごらんなさい」。憂鬱な人はほとんどみんな、読みすぎなのだ。人間の眼はこんな近距離を長く見られるようには出来ていないのだ。

わかりやすくいうと…

憂鬱なときは、遠くを見ることで、思考が自由になる。私たちは近くを見る傾向があるが、それはよくない。

よく近視眼的になってはいけないといわれます。つまりそれは、目の前のものにしか意識がいかず、広い視野を失っているということです。どうしてそのようなことがいわれるかというと、おそらく人間は、放っておくと近視眼的になる生き物なのでしょう。物理的にもそうです。遠くにあるものよりも近くのものを見る傾向があるのです。

私も車の免許を取るときに、遠くを見るように何度も注意されたものです。自分の目の前の車しか見ていないようでは、予測運転ができませんから。あるいはよく目を休ませるために、遠くを見るようにいわれたりもしますね。人からいわれないとできないことの一つです。

そして何より、思考においてはこのことはさらに問題になります。物理的に遠くを見るのは簡単ですが、思考として遠くを見据えるのはそう簡単ではありません。それは広くかつ深く物事を考えることを意味するからです。

アランはこんなことをいっています。「知るというのは、どんな小さなものでも全体とつながっているというその構造を理解することである」と。そうなのです、広く深く考えるということは、これと同じで自分がいま思っていることの先に、もっと何か関連することがあるのを知るということなのです。たとえば、物事の背景であるとか、その事柄がどう展開していくかなど。

では、どうすればそのような思考が可能になるか？　アランがいっていることをよく吟味してみると、答えが出てきます。アランは「読みすぎなのだ」といっていますね。これは実は読書のことをいっています。私たちは物事を学ぶために書物に頼ります。そしてその中に思考を閉じ込めてしまうのです。ところが、「事件は現場で起こっている」ではないですが、往々にして答えは書物の外にあるものです。

だから実際に遠くを見ることで、ヒントが目に付く可能性があるということです。現にアランは、「したがって、学問とは知覚でなければならない、旅立ちでなければならない」ともいっています。

目が書物を離れ、世界の様々な事象に向かうとき、思考はさらに解放され、自由を得るのです。だから思考に行き詰まったら外を見るのがいいでしょう。散歩をするのもいいですね。実際、散歩をしながら思考をした哲学者たちがたくさんいます。逍遥《しょうよう》学派と呼ばれたアリストテレスや哲学の道を歩いた西田幾多郎《にしだきたろう》など。歩くことは刺激になるだけでなく、思考が解放される契機にもなるのです。

それに加えて、学問が知覚を手段とする以上、目を休ませるということも大事です。アランは目がくつろぎを得ると思考が自由になるといっていますが、まったくその通りです。目が疲れてしまっては、集中できず、思考にも支障が生じますから。よく考えてみると、目は脳の一部でもあります。ですから、目の疲れが脳の疲れに直結するのは当然なのかもしれません。

遠くを見ることで、思考が自由になる。そうすることで窮屈なものの考え方から解放され、幸せな気分になれる。なんと手軽な幸せになる方法でしょうか。遠くを見るだけでいいなんて。今すぐ実行してみてください。

まとめ

遠くを見ることで思考が解放され、幸福になれる。

過去を忘れる

過去に失敗をした経験はありませんか？　そういう過去は消してしまいたいものですよね。でも、どうやって消せばいいのか？　アランはそのための方法を教えてくれています。

引用（アラン『幸福論』）

不満の種があると、夜昼を問わず寝てもさめても、暇さえあればそのことを考えている。まるで陰惨な小説が机の上に開いたままになっているかのように、自分の話を何度も考え直す。

わかりやすくいうと…

嫌なことがあると、人はそのことばかり考えてしまう。でも、それでは幸福になれない。だから過去を忘れることが大事なのだ。

人間は過去に引きずられながら生きる生き物です。過去を消してしまいたい人はたくさんいるでしょう。なにしろ人間は完璧ではありませんから。むしろ多くの過ちや失敗を犯しながら、成長していくのが普通です。

ただ、本人にしてみれば、それは思い出したくない過去です。誰だって失敗にいい思い出はないでしょうから。私もそうです。時々ふと過去の失敗を思い出し、自分でそれをかき消したくなって思わず「あーっ！」と叫んでしまいます。でも、実際に過去を消すことなどできないのです。

そういう消してしまいたい過去のことを流行言葉で「黒歴史」というようです。だからせめて自分だけでも思い出さなくていいように、私たちは過去に蓋をしようとします。たとえば、黒歴史に関するものを捨てるとか、同窓会には出ないとか。

こうした行為をネガティブにとらえる人がいますが、私は決してそうは思いません。過去を引きずるよりは、ポジティブに生きたほうがいいからです。アランがいっていることもまさにそうなのです。

彼は、過去を引きずる人は、「自分の痛いところをひっかいている」だけだと表現しています。もし体に痛いところがあるなら、そっとしておくのがいいのはよくわかると思います。それをひっかくのはたしかに賢明ではありませんよね。

にもかかわらず、なぜ私たちはそんな愚かなことをするのか。それは、人間に考えるという機能が備わっているからでしょう。何も考えずにおけばそれでいいのですが、私たちはついつい考えてしまうのです。

先ほど私も過去の失敗をふと思い出すことがあるといいましたが、それは何かを考えているときに起こります。ある事柄が思考の中で過去の失敗につながってしまうのです。私たちは常に頭を働かせていますから、これは止めるわけにはいきません。ただ、できるとすれば、逆に頭を使って過去を後悔しなくていい方向に持っていくということではないでしょうか。

もちろん思い出さないに越したことはないのですが、どうしても思い出してしまったときには、この方法がお勧めです。アランもそのようなことをいっています。彼は恋人にふられた男の例を出して、こんなふうにいいます。「お婆さんになったその女との生活がどんなものか、想像することだ」と。

かなり露骨な表現で笑ってしまいましたが、わかりやすいですよね。つまり、過去の失敗を後悔しなくていいように、想像するということです。たとえば、希望する会社に行けなかったとしたら、あんな会社はどうせ倒産すると想像すればいいのです。そうすると、採用されなくてよかったと思えます。

そんなことわからないじゃないかと突っ込まれそうですが、絶対に倒産しないともいえないはずです。世の中何が起こるかわかりません。だから都合のいいように考えればいいのです。体の痛みを想像で消すのは大変ですが、心の痛みはこんなふうに想像で消すことが可能なのです。

人間は考えるゆえに後悔します。でも、その同じ能力によって後悔を消すこともできる。臭いものに蓋をするようですが、幸福になるには、そういうやり方もいいのではないでしょうか。

まとめ

過去を忘れる、あるいは失敗してよかったと考えることで幸福になれる。

決してくじけない楽観主義

皆さんは悲観主義者ですか、それとも楽観主義者ですか？　悲観主義だと面白いことにチャレンジできませんよね。では、どうすれば楽観主義者になれるのでしょう？　自称「不撓不屈の楽観主義者」、アランに聞いてみましょう。

引用（アラン『幸福論』）

怒りと絶望はまず第一に克服しなければならない敵である。それには信じなければいけない。希望をもたねばならない。そして微笑まねばならない。こうしながら、仕事を続けねばならない。

わかりやすくいうと…

怒りや絶望を乗り越えるには、希望を持つしかない。それには決してくじけない楽観主義者になることだ。

アランは楽観主義者だといわれます。私もそのように理解しています。でも、それは彼がただの呑気なおじさんだからでは決してありません。楽観主義者には二種類あるように思います。一つは物事を深く考えないがゆえに、何事も恐れないタイプです。これがただの呑気な人です。もう一つは、逆に物事を深く考えるがゆえに、あえて明るく振る舞おうとするタイプです。これこそアランのような楽観主義者を指しています。

彼は「不撓不屈のオプティミズム」という言葉を使っていますが、簡単にいうと決してくじけない楽観主義ということでしょう。というのも、世の中には問題が溢れています。人生もそうです。引用文にもあるように、怒りや絶望は人生につきもので、いちいちそれとまともに付き合っていては、体が持ちません。

そんなときどうすればいいか？　それはもう楽観的になるよりほかないのです。アランは「結び目をほどく」という表現を使っていますが、これはなかなか詩的で文学的な言葉づかいですよね。人は常に緊張状態にあるので、その結び目をほどこうと訴えているのです。

特に日本人はその傾向が強いように思います。まじめな性格が災いしてか、やたら悲観的に考えるのです。結び目の塊のような人がたくさんいます。だから何をやるにしても、悪い結果や問題点ばかりあげつらい、後ろ向きになるのです。

これでは面白いことは何もできません。日本でイノベーションが起こりにくいのは、そうした後ろ向きの悲観的な性格のせいだという人もいるくらいです。逆にこうした堅い性格は、間違いを犯しにくいので、官僚などに向いています。たしかに日本は世界有数の官僚国家です。

ただ、個人がそんな官僚のような性格で幸福に生きられるかどうかは別問題です。とりわけ先の見えない時代、新たなことに挑戦していく必要に迫られています。そんな中で幸福に生きるには、チャレンジするけれど、失敗してもめげないようにすることではないでしょうか。だから決してくじけない楽観主義が必要になるのです。

私がアランのファンなのは、まさに自分自身がそのような決してくじけない楽観主義の実践者だからです。だいたいそうでもないと、哲学で食べて行こうなんて思いません。大学院で勉強しようと思ったとき、そのことが頭をよぎりました。どうせ勉強するなら、もっと直接的に仕事に役立つ学問にしたほうがいいかなと。

でも、そのような消極的な理由で勉強する内容を決めたくはありませんでした。やりたい学問を一生懸命学んでいれば、きっとなんとかなると思ったのです。これだと一見ただの呑気な楽観主義のようですが、決してそうではありません。そうとでも考えないと、始められなかったのです。内心は不安でいっぱいでした。逆に、だからこそ頑張れたのです。何かを始めたいけれど不安でいっぱいの人は、ぜひこの方法をお勧めします。つまり、始めるときは楽観的になる。そして不安をばねに、一生懸命頑張るのです。そうすればきっと幸福が迎えてくれるはずです。

まとめ

決してくじけない楽観主義者になることで、不安を乗り越え、幸福になることができる。

❀ 友達と幸福の関係

皆さんには友達がいますか？　それはどんな友達ですか？　なぜその人と付き合っているのですか？　友達には意味があります。アランにいわせると、それはあなたの幸福と関係しています。いったいどういうことなのか、考えてみましょう。

引用（アラン『幸福論』）

友情のなかにはすばらしいよろこびがある。よろこびが伝染するものであることに気づけば、そのことはすぐに理解される。ぼくがいることで友人が少しでもほんとうのよろこびを得るなら、そのよろこびを見たぼくが、今度はまたよろこびを感じるのである。

わかりやすくいうと…

喜びは友達に確認することではじめてかみしめることができる。そして喜びは友達との間で伝染するものだ。

友情が幸福につながっているということは、多くの人に共感してもらえるのではないでしょうか。子どもを見ていると特にそうです。彼らの日常は友達を中心に回っているといっても過言ではありません。学校で友達と遊び、放課後も友達と遊ぶ。嫌なことも嬉しいこともすべて友達に関係しているのです。

大人になると自分のことや家族のことが大事になってきて、友達との関係は相対的に薄れていきます。それでも、一番自分をさらけだせるのは、友達と時間を過ごしているときなのではないでしょうか。仕事場の同僚には気を遣うでしょうし、家族には弱みを見せることができないようなときでも、友達なら気を許せます。まして旧友であれば、なおさらです。

私たちは友達に話すことで、苦しみを開放し、喜びを確認します。友達との話題はたいていこのいずれかです。嫌なことを打ち明けて聞いてもらうか、嬉しいことの報告です。だから友達と会うと自慢大会になるという人がいますが、それでいいと思うのです。友達に自慢することで、人は喜びをかみしめることができるのですから。

しかもアランは、そんな友達との関係は伝染するといいます。つまり、友達の喜びは、自分の喜びにもなるのです。また自分の喜びも友達の喜びになります。もしそうならないという場合は、その人は友達ではありません。真の友達かどうかのリトマス試験紙になるのではないでしょうか。

友達に喜びを伝えるということの意義はもう一つあります。それは、そうでないと喜びを忘れてしまうということです。アランはこういっています。「注意すべきは、よろこんでいる人もひとりだけでいたら、やがて自分のよろこびを忘れてしまうということだ」と。

私も経験がありますが、友達というのは一種の鏡なのです。自分が何かをしたとき、何かを考えたとき、自分だけの中に閉じ込めていては、その意味がよくわからないのです。友達に話してはじめて、その意味がわかることがあります。「お前、すごいな!」といわれると、自分がやったことはすごいことなんだなと感じることができるわけです。

その点、家族は自分の身内なので、あまりあてになりません。気を遣って控えめに表現するかもしれませんし、逆に判官贔屓で甘く表現することもあるからです。友達は親身になってくれますが、なんといっても他人なので、そのへんのバランスがとれています。一番信頼できる判断者なのです。

その意味で、自分を客観的に評価してくれる友達を持つ必要があります。それが幸福になる方法でもあるからです。客観的に評価されてはじめて、人は自分の状況を素直に喜ぶことができるのですから。

もしあなたの友達がおべっかばかりいうスネ夫のような人物なら、それはあまり信用できません。自分のことを悪くいうような人とはそもそも友達にならないでしょうが、誰しもおべっかをいわれるとついつい気持ちよくなるものです。でも、それではためにならないのです。もっと正直に自分を評価してくれる人を探すべきです。よく友達は選ばなければならないといいます。あれは事実です。ぜひ自分を幸福にしてくれる友達を選びましょう。

まとめ

私たちは、喜びを友達に確認することで幸福を得ることができる。

褒めることが幸せにつながる

皆さんは、褒められるのと叱られるのでは、どちらがいいですか？　人を褒めることはありますか？　アランは、褒めることと幸福はつながっていると考えています。いったいどういうつながりがあるのか見てみましょう。

引用（アラン『幸福論』）

「ほんとうの生き方」の中に、ぼくは「楽しませるべし」という規則を入れたい。

わかりやすくいうと…

生きるということは、人を心から褒めることである。

自分が楽しんで生きるのは当然ですが、人を楽しませることの意義を説く点で、アランはすごいと思います。しかもそれを本当の生き方の中に、規則として入れろというのですから。初めに誤解がないように、アランのいう楽しませるということの意味を確認しておきます。彼はこんなふうにいっています。「それはどういうことかと言うと、嘘を言わないで卑劣にもならないで、機会が訪れる度ごとにいつも楽しませることである」と。

つまり、変に相手を持ち上げるということではなく、素直に褒めることで、やる気にさせてあげるということです。実際、アランは若い人はとにかく褒めてあげるようにいっていま す。そうすることで、本人は暗示にかかり、その言葉通りの人物になるからだそうです。

そう、楽しませることで、相手は気分をよくし、ポジティブになって頑張るのです。そうして幸福になるということです。そして誰もがこういう態度を取り始めると、みんなが幸福になれます。自分もまた誰かにそうやって楽しませてもらえるのだから、損はありません。お互い様です。

私も経験があるのですが、褒められて成功してきたタイプなのでよくわかります。人間には二種類あります。褒められて育つ人と、叱られて育つ人です。私は断然前者です。叱られると発奮するどころか、へこんで嫌になるだけだからです。

基本的にマゾでもない限り、褒められて嫌な気になる人はいないと思うのです。それならば、褒めてあげればいいじゃないですか。よく褒めすぎると調子にのってだめになるなどという人がいますが、それは褒めすぎるからいけないのです。たしかに、「褒め殺し」という表現があるように、中身を伴わない上辺だけの言葉はかえって有害でしょう。でも、ちゃんと褒めてあげれば、マイナスは一つもないはずです。

ちゃんと褒めるということは、本当にいいところを見つけて、合理的な理由とともに褒めるということです。そうでないと子どもでもおべっかだとわかりますから。おべっかには何の力もありません。気持ち悪いだけです。下手に叱って、やる気をなくさせるよりはましかもしれませんが。

私も人生がうまくいっていなかったときは、いつも叱られていました。最初に勤めた商社でドロップアウトしたときも、結局市役所で勤まらなかったのもそれが理由の一つです。逆にうまくいっているときは、常に褒めてもらっていたのです。働きながら大学院で博士の学位が取れたのも、こうして本を書き続けていられるのも、褒めてくれる人がいたからです。

私の場合、褒めることが幸福につながることを体験的によくわかっているので、できるだけ自分も人を褒めるようにしています。特に自分の子どもに対してはそうです。褒めることで伸びると信じているからです。

子どもは特に純粋ですから、褒められるといくらでも努力します。そしてやっていることが好きになり、やがて得意になるのです。その延長線上に人生の成功があるといってもいいでしょう。だから褒めることは幸福につながっているわけです。

まとめ

褒めることで人は頑張るので、幸せになれる。

自分の力で得る幸福

皆さんは宝くじを買いますか？　それは幸福になるためですか？　でも、その幸福は本当の幸福なのでしょうか。アランはそうではないといいます。では、本当の幸福とはなんなのか、一緒に考えてみましょう。

引用（アラン『幸福論』）

われわれ自身の力から生まれる幸福は、反対に、われわれの存在に染み込んでいる。

わかりやすくいうと…

幸福は自分の力で得なければならない。そういう幸福は私たちの内側に入り込む。

アランは幸福を二種類に分類しています。一つは自分の力から生まれたのではない幸福です。たとえば、相続や宝くじの当選など。もう一つは、自分の力から生まれた幸福です。音楽を身に付けたワーグナーや絵画を身に付けたミケランジェロのように。つまり、それはその人自身の手で勝ち取った幸福であり、またその人自身の内にある幸福だといっていいでしょう。

相続したお金は、自分で勝ち取ったものでもなければ、その人の内側にあるわけでもありません。そのお金が誰かの手によって盗まれてしまえば、それで終わりです。その人はもはや幸福な人とはいえません。

お金については常にそういう事態が考えられますが、アランは、お金の儲け方を知っている人は、全財産を失ってもまだ金持ちだといいます。たしかにこの場合は、ワーグナーの音楽と同じで、その人の能力ですから、いくらでもつむぎ出せるわけです。

もちろんアランは、自分の力から生まれる幸福のほうにより高い価値を置いています。私も同感です。「棚からぼたもち」で幸福になっても、少しも嬉しくありません。棚ぼたの幸福は、いわば借り物の幸福であって、自分のものとは思えないのです。もちろん奪われたらおしまいですが、奪われなくても、なぜか常に不安がつきまといます。それはおそらく、その幸福を手に入れた過程に自信がないからでしょう。

自分の努力によって手に入れた幸福に対しては、自信を持つことができるのです。いい換えると、自分はその幸福を享受するだけの資格があると思えるわけです。だから嬉しいのです。これは他のものに置き換えてみればよくわかると思います。たとえば、極端な例でいうと、盗んだ100万円と、自分で稼いだ1万円だと、どちらが嬉しいでしょうか？　普通は1万円と答えるはずです。感覚の狂った人は別でしょうが。

アランはこのように自分の力で得た幸福を、人の中にしみ込んだ幸福と呼んでいます。そしてそれは徳だというのです。徳とは人から尊敬されるような素晴らしい性格のことです。ですから、幸福が徳だというのは、なかなか面白い発想だといえます。

幸福を徳と考えることのメリットは、それに対して別の人が尊敬の念を抱き、また影響を受けるという点です。つまり、自分の内側に徳としての幸福を持っている人は、別の人にも幸福を与えることができるということです。

それはあたかも優しさという徳を持っている人が、優しさを誰かに分け与えることができるのと同じです。逆に借り物の幸福は、人に与えることなどできません。それを所有する人だけが意地汚く独占できるにすぎないのです。ただし、それを失ってしまう不安に常に怯えながら。

どんな種類の幸福を求めるべきか、これで明らかだと思います。お金を求めるのもいいですが、その際はお金そのものではなく、お金の儲け方を身に付けるべきです。私自身はお金にはまったく興味がないので、もっと別のものを身に付けたいと思います。ワーグナーやミケランジェロのようにもっと素敵なものを……。

まとめ

幸福は自分の力で得なくてはならない。そのような幸福のみが徳となる。

雨の日の笑顔

皆さんは不満があるときや面白くないとき、それを言葉や態度に出しますか？　それとも平然と過ごしますか？　もし毎日じとじとと雨が続いていたとしても、幸せな気分になれますか？　アランはそのためのとっておきの方法を提案しています。

引用（アラン『幸福論』）

まあまあ何とかやって行けて、人生の苦しみといったところで、精々、ちょっとした退屈さや、ちょっとした厄介さだけのときに幸福になる方法である。そのための第一の規則は、自分の不幸は、現在のものも過去のものも、絶対他人に言わないことである。

わかりやすくいうと…

不満なことがあるとき、どうすれば幸福になれるか？　それは決して不平を言わないことである。

私たちは、不幸だ不幸だと不平ばかりいいがちです。そんなことをいっても何も変わらないことは明らかなのに。どうして不平を口にしてしまうのでしょうか。考えられるのは二つ。一つは不平をいっていればなんとかなると思っている。もう一つは、それで少しはストレス解消になる。たしかにストレス解消はわかりますが、それで問題が解決するわけではありません。

そして前者はあまりにもばかげています。不平をいってなんとかなるだなんて。不平をいって生じるのは、更なる不幸にすぎません。アランはこのことを指摘します。不平によって周囲の人が不快になってしまうと。その人たちに嫌われたり、周りの空気を悪くしてしまうのは、新たな不幸を招いたことになるわけです。

だから不幸だとしても、決してそれを口に出してはいけないというのです。そうすると、逆に称賛されることがあります。自分自身も大変なときに、そんなそぶりはおくびにも出さず、仕事に励んでいると、後から事情を知った人が、あの人はすごいと触れ回ってくれるのです。逆に、あまり大変だ大変だといわれると、「大変なのはあんただけじゃないよ」と突っ込みたくなります。

不思議なことに、自分はちっとも疲れていないのに、あまり人から疲れたという言葉を聞くと、こっちまで疲れてきます。だから私たちは人の不平など聞きたくないのです。市役所時代、苦情を聞く担当をしていたある知り合いが、突然鬱状態になって休んでしまったことを思い出しました。

おそらく彼は、毎日人の不平を聞いていて、自分まで陰鬱な気分になってしまったのでしょう。その後は別の部署に移って生き生きと仕事を続けていますから、おそらく間違いありません。私も感情移入しやすいタイプなので、もしそんな仕事をやることになったら鬱になるかもしれません。人には向き不向きというものがあるものです。

結局、不平をいうのは、デメリットのほうが多いことがわかります。だからアランは不平を悪い天気にたとえるのです。天気が悪いとか、晴れのほうがいいなどということはみんなわかっていて、だからこそ不平をいったところで何も変わりません。そこで彼は、悪い天気をうまく利用して、幸福になる方法を提案するのです。

それは、天気の悪い日こそいい顔をするという逆転の発想です。不平をいっても仕方ないなら、逆になんでもないように振る舞う。そんなことをいっても、現実は変わらないという人がいるかもしれません。

はたしてそうでしょうか？　好きな音楽を聞くと気分がよくなりますよね。あるいはいい服を着ると自信を持てる。つまり、人は形から入ることで、気持ちを変えることができる生き物なのです。だから笑顔になれば、心のほうが嬉しくなってくるということはあり得ます。

笑顔と幸福はつながっているのです。だから幸福だと笑顔になるし、逆に笑顔でいると幸福になれるわけです。嘘だと思ったら試しにやってみてください。ただし、心から笑顔にならないとだめですよ。

まとめ

決して不平をいってはいけない。むしろ幸福は笑顔になることで得られる。

幸福は義務である

皆さんは幸福になりたいですか？　もちろん答えはイエスでしょう。では、幸福にならないといけないといわれたらどうですか？　ちょっと違和感がありますよね。でも、アランは幸福を義務としてとらえています。いったいどうしてでしょうか？

引用（アラン『幸福論』）

幸福になることはまた、他人に対する義務でもあるのだ。これはあまり人の気づいていないことである。

わかりやすくいうと…

他人のために幸福にならないといけない。

結婚式などで、「絶対に幸せになってね」という人がいます。これは相手の幸せを相手自身のために願っているのでしょう。では、これはどうでしょう？「あなたには幸福になる義務がある」。さすがに幸福になることが義務だといわれると、少しぎょっとしてしまいますよね。

でも、アランはそういうのです。理由は簡単です。私たちの周りには不幸になったり退屈したりする原因がいっぱいあるため、放っておくと皆不幸になってしまいます。そんなとき、頑張って幸福になった人がいれば、それは皆の人生を浄化するにも等しいというわけです。この場合は、相手自身のためではなく、自分を含めた周囲の人のために幸福になってほしいと願っているのです。

アランは、人の幸福は伝染すると考えているのです。たしかに、他人であっても、幸福な姿を見ると気分がよくなるものです。他人の結婚式と他人のお葬式、どちらかに出席しなければならないとしたら、誰だって結婚式を選ぶはずです。

そしてもう一つ大事なのは、幸福は努力によって獲得するものだと考えている点です。だからこそ、頑張って幸福になった人を称えようと主張するのです。

アランはこういいます。「不幸になるのは、また不満を抱くのはやさしいことだ。ただじっと座っていればいいのだ、人が楽しませてくれるのを待っている王子のように」と。つまり、私たちは王子様ではないので、黙って座っていても誰も楽しませてくれません。その結果、不幸になってしまうのです。

幸せになりたいという人ほど、何もしようとしません。アランの王子様という比喩は秀逸ですね。いかにも何もしようとしない人を皮肉った言葉だからです。そう、残念ながら私たちは王子様やお姫様ではありません。つまり、生きるために自助努力をしなければならない存在なのです。

したがって幸福も自分次第ということになるわけです。もっとも、これをどうとらえるかは、人によって違うでしょう。なぜなら、王子様は黙っていても何かを与えられますが、逆にいうと与えられたものからしか幸福を得ることができないからです。

マーク・トゥエインの名作『王子と乞食』のように、決められた生活というのは、楽なようで面白くないものです。だから王子様は容姿のそっくりな貧しい少年と入れ替わろうとしたのです。もちろん私にはそんな経験はありませんが、想像はできます。多少の苦労があっても、誰しも好きなことや物は自分で選びたいのではないでしょうか。

その中から幸福を感じたり、あるいは感じないこともある。それが庶民向きの、いや人間向きの生き方であるように思います。

『王子と乞食』に限らず、幸せなはずの王子様やお姫様が、お城を抜け出すストーリーがたくさんあるのは、きっとそれが人間の本質だからではないでしょうか。その意味で、私たちは何も与えられない人生にもっと感謝する必要があります。どこにも逃げ出す必要がないのですから。

まとめ

幸福になると周囲も幸福になるので、それは義務である。その代わり自分の努力によって幸福になった人は称えられなければならない。

外の世界に目を向けよう

——ラッセルの『幸福論』

ラッセル『幸福論』の特徴

イギリスの哲学者バートランド・ラッセル（1872〜1970）も三大幸福論の著者の一人ですが、もともと彼は、数学や記号を論理学の手法によって分析することで、現代分析学の基礎を築いた人物として有名です。

そんな彼が、次第に社会を幸福なものにしていくための情熱的な活動家に変わっていったのです。アインシュタインらと共に核兵器の廃絶と科学技術の平和利用を訴えた「ラッセル＝アインシュタイン宣言」は有名です。

『幸福論』は彼が58歳のときの作品で、すでに人生を社会貢献のために捧げ始めたころに書かれたものです。おそらく彼の情熱の部分がこの幸福論を書かせたのだと思います。とはいえ、ラッセルは数理哲学者だけあって、哲学的エッセーといえどもやはり論理に貫かれています。思いつくまま書き連ねたという感じではありません。

内容的特徴としては、きわめて前向きで快楽主義的なものだといっていいでしょう。それは彼自身も本の中で認めています。私自身は、ラッセルの幸福論を一言で形容するとき、よく「没頭」という言葉を使います。でも、それは決して自分の殻にとじこもることを意味するのではありません。ラッセルは外の世界に興味を持つことを熱心に勧めます。そうすることで、自分の殻から飛び出し、幸せになる可能性が開かれると考えているからです。興味を外に向けて没頭することではじめて、私たちは幸福を実現できるというわけです。

さらにもう一つ特筆すべきなのは、彼のバランス感覚です。それは、幸福のために情熱は大事だが、歯止めを忘れないようにしないといけないだとか、努力は必要だがあきらめも肝心などと論じている点からもうかがえます。

煽るだけの幸福論は無責任です。しかもそれはあまりに理想主義すぎて、にわかには信じられません。情熱や努力を重ねればきっと幸福になれるといわれても、「本当？」と思ってしまいますよね。ところが、歯止めが大事だとかあきらめることも必要といわれると、説得力が増します。これがラッセルのすごいところです。

ぜひそんなバランス感覚にも着目しながら、ラッセルのロジックに溢れる幸福になるためのエッセーを楽しんでもらえればと思います。

欠点は見ない

自分の欠点ばかり気にしている人はいませんか？　ラッセル自身もそうだったらしいのですが、それが不幸の原因だというのです。自分自身にとらわれないようにするには、いったいどうすればいいのか？　一緒に考えてみましょう。

引用（ラッセル『幸福論』）

私自身にとって、私は―むろん、そのとおりだが―あわれな人間の見本のように思われた。次第に私は、自分自身と自分の欠点に無関心になることを学んだ。だんだん注意を外界の事物に集中するようになった。

わかりやすくいうと…

私はかつて自分の欠点ばかり見ていたため、幸福になれなかった。だから外に目を向けるようになったのだ。

ラッセルは幸福論を書いているくらいですから、もちろん自分のことを幸せだと思っています。ただ、以前は不幸だと感じていたようです。では、どうして幸福になれたかというと、それは自分自身にとらわれなくなったからだそうです。逆にいうと、自分自身にとらわれることで、人は不幸になっているのです。

だから彼は、自分ではなく、外に目を向けろといいます。つまり、自分の欠点ばかり見つめていても、いいことは一つもないということです。そんな暇があったら、もっと面白いもの、喜びを感じられるものに目を向けるべきだといいたいのでしょう。

たとえばラッセルは、このような例を挙げます。世界の状況、知識の様々な分野、愛情を感じる人たち。たしかにいずれもワクワクするものばかりですね。世界には色々な人がいて、色々なことが起こっています。それを知るだけでも楽しいですよね。また、世界の状況を知ることで、自分の悩みが相対化されます。世界には自分よりもっと大変な問題で苦しんでいる人がいるのを知ることになるからです。

世界の状況に限らず、幅広く知識を得ることで、世の中は急に面白くなります。何気なく見ているものも、原因があって存在し、そこには理屈があるのです。試しに、何か身の周りにあるものを一つ選んで、それが何でできているか、いつから存在するか考えてみてください。鉛筆一つとってみても、木と炭素でできており、さらにそれを分子レベルでみると……というふうに、深くさかのぼっていけます。

愛情を感じる人たちについては、家族や好きな人のことを思うと、心が温かくなりますよね。ペットでもいいでしょう。自分の欠点について思いつめているのとは大違いであることがわかると思います。

したがってラッセルは、自分を不幸にするネガティブな自己没頭について分析し、徹底的に非難するのです。具体的にはそれを三つのタイプに分類しています。つまり、罪びと、ナルシスト、誇大妄想狂の三つです。

罪びととは、罪の意識にとりつかれた人のことです。ちょっとしたことでいちいち罪の意識にとらわれていては、常に暗い気持ちで過ごすことになりかねません。それがだめだというのです。ナルシストについては、多少はいいのですが、自分のことをあまりに愛しすぎると、他者から見向きもされなくなるという問題があります。そうして不幸になるのです。

最後の誇大妄想狂は、野望を追求するあまり、足元をすくわれて不幸になるというパターンです。ラッセルはアレクサンダー大王やナポレオンを例に挙げています。どっちも十分幸福を味わった人だと思うのですが、最後に悲しい結末を迎えたのは、誇大妄想狂のせいだというわけです。

このように、ネガティブな形で自己没頭するのではなく、外に向かってポジティブに没頭することによって、人は幸福になれる。これがラッセルのいいたいことです。自分自身にとらわれるなというのは、なかなか難しい注文ですが、そうでない限り幸福になれないなら、ラッセルのいうことに耳を傾けてみる価値はあるかもしれません。

まとめ

自分自身にとらわれていると幸福になれない。外に目を向けよ。

幸福のよさ

皆さんは、お酒を飲みますか？　それはなぜですか？　お酒を飲むと幸福な気分になれるから？　たしかにそうです。でも、ラッセルはそれではいけないといいます。では、いったいどうすればいいのでしょうか？

引用（ラッセル『幸福論』）

しかし、どのような形にせよ、酔いしれることを求める人は、忘却という以外の希望をあきらめてしまっている。そういう人の場合、真っ先になすべきことは、幸福は望ましいものだ、ということを納得することである。

わかりやすくいうと…

お酒を飲んで嫌なことを忘れようとする人がいる。でも、希望を持たないと真の意味で幸福にはなれない。

不思議なことに、不幸な人はいつまでたっても不幸で、幸福な人はずっと幸福です。もちろん不幸から脱する人も、逆に幸福から不幸に転落する人もいますが、不幸癖という言葉があるように、不幸から脱してもまた不幸に舞い戻る人はたくさんいます。

そもそもそこには、幸福という概念に対する根本的な誤りがあるように思えてなりません。ラッセルもその点を指摘するのです。つまり、不幸な人は、幸福になれるとは思っていないというのです。

だから快楽に溺れて自分の不幸をごまかそうとするのです。たとえば、酒を飲んで忘れようとする。たしかにお酒を飲むと嫌なことは忘れられるかもしれません。そしていい気分になれる。でも、ラッセルにいわせると、それは「不幸の瞬間的な停止」にほかならないのです。

事態は何も変わりません。朝起きて酔いがさめれば、また不幸な現実に後戻りです。それが嫌で常に酒を飲むようにでもなれば、アルコール依存症になってしまいます。アルコールならまだましなほうで、ドラッグに手を出す人もいるかもしれません。覚せい剤とまではいかずとも、最近は脱法ハーブなどが入手しやすくなっていますから。

しかし、それがかりそめの幸福であるならば、やはり私たちは本物の幸福を求める必要があるでしょう。そのためには、希望を持つことです。幸福になれるという確信を持たなければならないのです。

問題は、幸福の味を知らない人は、それを強く求めようとしない点です。不幸癖のある人に限って、現状に問題を感じつつも、そこに安住してしまいます。だから幸福はいいもので、望ましいものだと納得する必要がある。ラッセルはそういうのです。それこそが、彼の幸福論の存在意義だというわけです。

ラッセルの『幸福論』を読んで、幸福のよさを理解できた人はいいですが、そうでない人は少なくとも私のこの本を読んで、そう感じてもらいたいものです。あるいは、自分の周りに不幸癖の人がいれば、幸福のよさを説いてあげるべきです。その人は気づいてないのですから。

学校教育でもそうしたことをする必要があるように思います。幸福学などという授業はありませんが、不幸がデフォルト化している今の時代、幸福であることの意味、幸福であることのよさを学校が教えるべきではないでしょうか。そうでないと、子どもたちは幸福になろうとしません。

もし一人ひとりが幸福を望まないとすれば、世の中は停滞してしまうでしょう。昔の高度経済成長期のように、豊かさに憧れを抱いて頑張るとか、何か目標を持たないと、世の中はよくならないのです。

かといって、今さら経済成長に幸福を見出すのは難しいでしょう。それが唯一の解でないことは、成熟したこの国の人たちはよく知っていますから。だからこそ希望を持つのは難しいのですが、それでも誰かが、幸福はいいものだと叫び続けなければなりません。私はこの本でその役目を買って出たいと思います。

たとえ事実は変わらなくても、少なくともそれを前向きにとらえることはできるはず。それがポジティブ哲学の基本です。

まとめ

幸福はいいものだと思わないと、いつまでたっても幸福になれない。

成功の意味

皆さんは成功したいですか？　成功したら幸福になれるという人がいますが、はたしてそうでしょうか？　はたして成功することが人生の目的なのでしょうか？

引用（ラッセル『幸福論』）

私が主張したいのは、成功は幸福の一つの要素でしかないので、成功を得るために他の要素がすべて犠牲にされたとすれば、あまりにも高い代価を支払ったことになる、ということである。

わかりやすくいうと…

成功は必ずしも幸福をもたらすものではない。成功だけを求めていると、かえって不幸になることさえある。

成功すれば誰でも嬉しいですよね。だから幸福を感じるわけです。ところが、ラッセルはそうは考えません。「え、なんで？」と思われるかもしれませんが、ここが哲学たるゆえんです。

ラッセルはお金を例に挙げて説明します。つまり、ある程度まではお金を得ることは幸福につながりますが、ある点を超えると、それは不幸の原因にすらなるのです。とんでもないお金持ちを見れば明らかでしょう。彼らはお金を持ちすぎて、どう使っていいか途方に暮れるというわけです。

お金を持っているのに途方に暮れているなんて、たしかに滑稽ですね。それならやりたいことがいっぱいある貧乏学生のほうがよっぽど幸福です。だからお金は必ずしも人を幸せにはしないということです。

そしてラッセルは、これを成功一般に拡大して考えます。そもそも競争社会というのは、その競争に勝つこと、つまり成功することを至上命題としています。だから中身は二の次なのです。とにかく成功すればいい。そうすれば、人から羨ましがられ、自分も自慢できます。そのことにのみ幸福を見出すのです。

ラッセルは読書を例に、こうした幸福の見出し方が間違っていることを指摘します。つまり、読書には二つの動機があるというのです。一つはそれを楽しむこと、もう一つはそのことを自慢できることです。この二つ目の自慢できることというのが、やっかいなのです。世の中には、流行の本を読むこと、いや本当に読むならまだましなほうで、読んでないくせに、読んだと自慢する人がいます。

それが教養人の証になるからです。これはもう読書の意味を完全にはき違えています。読んでもいない本を読んだと自慢して、それで幸福感を得るなんて……。これは現代日本にもある現象です。流行った本は、中身にかかわらず読んだことにしておかないと恥ずかしいと感じる現象です。

こんな愚かな現象をもたらしているのが、競争社会なのです。まるで裸の王様ですね。幸福だといっているけれど、本当は幸福なんかじゃない。ただ、人から幸福だと思われたいから偽っているだけなのです。

では、いったいどうすればいいのか？　簡単です。競争を止めればいいのです。ラッセルはこういいます。「これに対する治療法は、バランスのとれた人生の理想の中に、健全で、静かな楽しみの果たす役割を認めることにある」と。

競争に躍起になるのではなく、本当の楽しみを追求することです。読書でいえば、流行っているからといって無理に読みたくもない本を読むのではなく、自分が読みたい本を読む。そういう生き方をせよということです。

よく都会であくせく働いている人が、田舎にIターンやUターンで移り住んできますね。その場合、たいてい給料は下がるのですが、より充実した日常を手に入れることができるといいます。有名な笑い話があります。お金持ちがバカンス先の田舎で出逢った釣り人にこういいます。釣りで儲ける方法を教えてやると。釣り人は尋ねます。お金持ちになったらいったい何ができるのかと。するとお金持ちはこう答えるのです。バカンスに田舎でのんびり釣りができると……。

まとめ

競争を止めて、本当に楽しいと思うことを追求すれば、幸せになれる。

興奮を求めない

皆さんは、退屈を感じることがありますか？　そのようなときは何をしますか？　ラッセルは平凡な生活のほうが幸福になれるといいますが、それはなぜでしょうか？

引用（ラッセル『幸福論』）

退屈に耐える力をある程度持っていることは、幸福な生活にとって不可欠であり、若い人たちに教えるべき事柄の一つである。

わかりやすくいうと…

退屈に耐えることで、際限ない興奮を求めなくて済む。それによってはじめて幸福になれる。

ラッセルの幸福論の中で、第4章「退屈と興奮」は、もっとも面白くかつ彼の幸福論の特徴が表れている箇所だと思います。中身はこの表題のとおり、退屈と興奮の関係についてです。そしてもちろんそれらと幸福の関係が述べられています。

ラッセルによると、人間は退屈に耐えることができず、それゆえに興奮を求めるといいます。つまり、この場合興奮こそが幸福なのです。実は狩猟も、戦争も、求愛でさえも興奮のために行なわれてきたといいます。

狩猟される動物や攻撃される国にしてみればたまったものではありませんが、これは事実です。戦争ゲームに興奮する人はたくさんいますね。あの興奮の延長線上に、本物の戦争もあるのです。まったく人間というのは困った存在です。スリルのために命を犠牲にするなんて。

さらに困るのは、際限なく欲望を追求する人間の性質です。だからどんどん強い刺激を求めるようになるのです。ところが、強い刺激にも限界があります。ジェットコースターをみれば明らかです。スピードが増すだけでなく、回転が増えるとか、立って乗るとかどんどん過激になりました。でも、さすがにそろそろ出尽くしたのではないでしょうか？　あとはもう命を賭けるよりほかないように思います。

刺激が限界を迎えるということは、もうそれ以上幸福は得られないことを意味します。普通じゃ満足できない体になっているのですから。私も辛い物が好きなのですが、激辛の韓国料理が癖になって以来、普通の辛さでは物足りなくなってしまって困っています。そうして皆、不幸に陥るわけです。これを避けるには、ラッセルはあまり早いうちから刺激を与えすぎないことだといいます。人生時間をかけて徐々に刺激を覚えていくくらいがいいのでしょう。

たしかに子どものころからいい生活に慣れさせたりすると、後が大変です。本人が自活するようになったとき、そのレベルを維持できないと不幸を感じてしまうからです。親がお金持ちのお嬢様に多いですね。選んだ夫が普通の人だったために、それだけで不幸に感じてしまうのです。お金だけではありません。脳への刺激ということでいうと、今はインターネットのせいで、刺激の入手が容易にできてしまいます。それに比例して、きっと私たちは幸福を失っているのでしょう。

そう考えると、子どもに限らず、興奮がないと幸福になれないような性格は改めたほうがいいといえます。実はラッセルもこう提言しています。「幸福な生活は、おおむね、静かな生活でなければならない」と。

平凡な生活の中に、たまに少しいいことがある。するとすごく嬉しい気持ちになる。これが理想だというわけです。たとえば面白いテレビ番組を見て喜びを得られたり、誰かからおいしいお菓子をもらって喜びを感じることができれば、どんなに毎日が幸せに思えることでしょう。贅沢に暮らして数年に一度しか幸福感を得られないのと、質素に暮らして頻繁に幸福感を得られるのとでは、断然後者のほうがいいように思います。

まとめ

刺激によって幸福を得るには限界がある。だから平凡な生活を送るべき。

思考のコントロール

夜、考え事をしていて眠れないという人はいませんか？　考えることは大事なことですが、それはいつもそうだというわけではないようです。考えないほうが幸せになれることもある。ラッセルはそんなことをいっています。

引用（ラッセル『幸福論』）

たいていの男女は、思考をコントロールする能力にひどく欠けている。これはどういうことかといえば、ある心配事について何も打つべき手がない場合にも、そのことをあれこれ考えるのをやめることができない、ということだ。

わかりやすくいうと…

人は思考をうまくコントロールできていない。だから悩むのだ。

ここでラッセルが述べているのは、考えすぎて不幸になってしまうことの弊害です。私たちは毎日仕事をして、疲れて眠りにつきます。そしてまた英気を養って、仕事をするのです。人生はその繰り返しです。この場合の仕事は家事も含みますし、子どもなら勉強に置き換えてもらってもいいでしょう。

心地よい疲れは、睡眠のために不可欠です。ところが、精神的な疲れは、かえって睡眠を阻害します。ラッセルもこの点を指摘するのです。つまり、どうしようもないことをあれこれ悩んでいてもらちがあきません。にもかかわらず、そのことについて考えることをやめられなければ、当然イライラします。そして眠れなくなるのです。

さらに問題は、その悶々として過ごす夜だけでも嫌な時間なのに、翌日はまたいつも通り起きて仕事をしなければならない点です。すると睡眠不足によって判断力が鈍り、怒りっぽくもなります。それがトラブルを招くのです。だから悩みすぎる人は幸福にはなれないのです。

では、こうした悪循環を避けるにはどうすればいいか？　ラッセルは、悩みの原因になっている事柄などつまらないことだと悟ればいいといいます。実は彼は講演をする前に緊張してしまい、うまく話せないのが悩みだったそうです。骨折すれば講演をしなくていいとまで考えていたとか。ちなみにラッセルは、自分が失敗したところで、どのみち宇宙に大きな変化はないと思うことで、心配性を克服したようです。

たしかに宇宙レベルで考えれば、私たちにはどんな失敗も許されるでしょう。何事も大したことではなくなります。私たちの人生なんてほんの一瞬の出来事ですし、私たちの存在なんてほんの塵のようなものです。実際にどうかは別として、少なくともそういう発想は可能ですし、それが私たちの心配をかき消してくれるなら、そんな風に考えてもいいように思います。

そこで私の思考コントロール術を少し紹介したいと思います。私は欲張りなので、色々なことに手を出して、多忙を極めています。そうすると、必然的に悩むことも増えてきます。ですから、思考をコントロールできるかどうかは死活問題なのです。

私の思考コントロール術は「3ランク方式」ともいうべきものです。つまり、優先順位をABCの3段階に分け、優先順位の高いものほどじっくりと時間をかけるようにしているのです。優先順位は主に事柄の重要性で決定されます。最重要はAランク、そこそこ重要なものはBランク、それほどでもないものはCランクです。Aランクには可能な限りの時間をかけ、逆にCランクにはできるだけ時間をかけないようにしています。Bランクはその中間です。

重要なことほどじっくりと考えて答えを出す必要があります。たとえば、仕事の企画などはAランクですから、徹底的に思考します。これに対して、スケジュール調整など少し考えれば答えの出る事務的な事柄はCランクですから、最短で答えが出るよう工夫します。Bランクは悩ましいところですが、これに時間をかけるときりがありません。ですから、多少重要でもAランクと思えないものは、あえて制限時間を設けて、それ以上は考えないようにしています。限られた時間を有効に使うためには、そうして割り切るよりほかないからです。

人間は考える生き物です。それによって多大な恩恵を被っているわけですが、逆に考えすぎることで、苦しみ、中にはそれが理由で自ら命を絶ってしまう人がいるのも事実です。人間だけが自殺をするというのは、そうした理由からです。

だから思考をコントロールすることはとても大切なのです。人間が自然に考えてしまう生き物である以上、後はそれをきちんとコントロールできるかどうかです。それによって幸福になれるか、不幸になってしまうのかが決まるわけです。

まとめ

思考をコントロールできる人だけが幸福になれる。

悩みを宇宙規模で考える

皆さんは悩み事がありますか？　そのせいで疲れていませんか？　でも、その悩みはどれくらい重要なのでしょうか？　ラッセルは問題を相対化するよう勧めます。具体的にどう考えればいいのか見ていきましょう。

引用（ラッセル『幸福論』）

成功も失敗も、結局、あまり大したことではない。大きな悲しみだって乗り越えることができる。これで一生涯、幸福に終止符を打つに違いないと思われるような悩みごとも、時がたつにつれて薄らいで、ついにはその痛切さを思い出すことさえほとんどできなくなる。

わかりやすくいうと…

この世の終わりにつながるような悩みなどない。ほとんどは時がたてば消えていくものである。

疲れると誰しも嫌な気持ちになるものです。ただ、肉体的な疲れは、休むことで解消することができます。また、多少の肉体的疲労は、心地よさを生む原因でもあります。だから皆運動をするのです。ところが、神経の疲れは、不幸をもたらします。ラッセルもその点を強調しています。

そして神経の疲れは、心配からきていると指摘します。たしかに心配事があるとイライラしたり、眠れなかったりします。その悪循環で肉体もぼろぼろになり、不幸を招くということです。

考えることは大事ですが、それは悩むこととは大いに異なります。「考えすぎはいけないよ」などというから誤解を招くのですが、ここでいう「考えすぎ」は、悩むということを意味しています。しっかりと考えれば、逆に心配事は解消されるので、考えすぎはむしろ奨励されるべきものだと思うのです。

ラッセルはこんなふうにいいます。「きちんとした精神は、ある事柄を四六時中、不十分に考えるのでなくて、考えるべきときに十分に考えるのである」と。その場合、いったん決断をくだしたら、よほど新事実でも出てこない限りは考えを変えてはいけないといいます。そういう優柔不断な態度が心配の原因となるからです。

これは私もよくわかります。悩み事というのは、いくつかの選び難い選択肢があるから悩むのであって、一度選んでも、またすぐに答えを変えたくなるものなのです。「一人朝令暮改」といった感じでしょうか。

もちろんそれだけ事柄が自分にとって重要だから悩むのでしょうが、実際にはそうでもありません。そこで有効なのは、問題の相対化です。ラッセルもいっているように、宇宙規模で考えても大きな問題なのかどうか吟味すればいいのです。

そうすればあらゆる問題は矮小化されます。最近は宇宙に関する研究も進んでいますから、そういうニュースを聞いていると、自分の問題より地球の運命を真剣に考えないといけないような気になってくるのです。戦争でさえもそうです。こんな狭い地球で仲間割れしているのが愚かに思えてきます。

先日も、将来太陽の温度が上昇し、地球上に住めなくなる可能性があるという話を聞きました。この問題に比べて、自分の問題はどれほど深刻なのか問うてみてください。私たちは自分の悩みを大きくとらえがちですが、視点を変えることで、それが大したことではなくなることに気づくはずです。

宇宙規模で考えるのもそうですし、あるいは長いタイムスパンで考えるというのも同様の方法です。今抱えている問題を、100年後から見たらどうかという話です。歴史上の大事件ならまだしも、たいていは小さな問題です。はたしてそれほど神経をすり減らしてまで悩む価値があるのかどうか。

よく仕事上の問題で深刻に悩みすぎて、家族の誕生日を祝う余裕すらない人がいます。でも、そんなにいちいち深刻にとらえていては、目の前の幸福を全部逃してしまうことになるのです。ぜひ宇宙規模、100年スパンで考えてもらいたいと思います。

まとめ

心配事を相対化することで、疲れが解消し、幸福になれる。

無意識への働きかけ

皆さんは、物事を納得するとき、無意識のレベルまで納得させようとしていますか？ラッセルは、心配事に関してはそうでない限り消え去らないといいます。でも、どうすれば無意識のレベルまで納得させることができるのでしょうか？

引用（ラッセル『幸福論』）

自己を超越するものに思考と希望を集中できる人は、人生の普通の悩みごとの中に、こちこちのエゴイストには望むべくもない、ある種の安らぎを見いだすことができるのである。

わかりやすくいうと…

徹底的に思考することによって、無意識まで行き渡り、ようやく真の幸福を得ることができる。

ラッセルが、心配事を不幸の原因としてとらえているということはすでにお話ししました。そしてその解消方法として、思考することを提案しているということも紹介したと思います。

ここでさらに彼が提案するのが、無意識への働きかけです。つまり、いくら思考しても、それが意識レベルにとどまっているようでは足りないということです。人間には無意識のレベルがあります。これは精神分析の父フロイトによって発見されて以来、もはや現代では常識になっています。

たとえば私たちは夢を見ます。あれは意識して見ているわけではありませんね。意識の下に眠る私たちの思いが、寝ている間に外に出てくるのです。ということは、たしかに無意識のレベルまで納得させないと、寝ている間にうなされて疲れたり、ふとした瞬間に嫌なことを思い出したりしてしまうわけです。

ラッセルがいいたいのはそれほど思考を徹底せよということです。彼が最上の方法と呼ぶものを紹介しておきましょう。「それについて、ものすごく集中的に——それこそ私に可能なかぎりの集中力をもって──数時間ないし数日間考え、その期間の終わりに、いわば、この仕事を地下で続けよ、と命令することである」、というふうにいっています。

徹底的にかつ集中して考えるのはわかると思いますが、大事なのはその後です。ラッセルは、いったんそこで表だって考えるのはやめよというのです。そして地下で考え続けろといいます。

これは意識して考えるのではないけれども、頭の片隅には残しておくということです。そうすることで、人は何かの折にその問題を考え、あるときふと答えを出すものなのです。ラッセルはこのテクニックを用いることで、別の仕事を同時にやりつつ、うまく心配事を解消しているといいます。

一時期に徹底的に考えることで、本当はある程度答えが出ているのでしょう。だからすぐに決断してもいいのだけれど、一度寝かすということだと思います。というのも、一気に選んだ答えは、場合によっては感情が先立って尖ったものになっているかもしれないからです。時間を置くことで現実的なものに変化することはあるものです。

しかも徹底的に考えるプロセスを経ることで、無意識のレベルにもその思考が行き渡っているものと思われます。最後は、その思考が無意識レベル全体にじわっと染み渡るように時間をとればいいのです。

無意識のレベルまで納得させることができれば、私たちは本当の意味で幸福になることができる。これはなかなか深い提言だと思います。幸せだと思いこむのは簡単ですが、いくら自分に言い聞かせても、それが表面的な納得にとどまる限り、何の意味もないわけです。

実は私も時々同じ夢を見ます。それは自分だけが空を飛べるという夢です。自分では今の仕事や生活に納得しているはずなのですが、おそらく無意識のレベルでは納得していないのでしょう。ラッセルの言葉を読んで、夢の中で空を飛ばなくなるまで考え抜く必要があるかなと感じています。

まとめ

無意識のレベルまで納得していないと、真の意味で幸福にはなれない。

ねたみこそ不幸

皆さんは、人をねたむほうですか？　でも、ねたむとどういう気持ちになりますか？　嫌な気持ちになりますよね。ラッセルはそんなねたみの感情を克服する方法を提示していきます。一緒に見ていきましょう。

引用（ラッセル『幸福論』）

人間の幸福を増やしたいと思う人はだれでも、賛美の念を増やし、ねたみを減らしたいと願わなければならない。

わかりやすくいうと…

ねたむことをやめて、人を褒めることで幸福になれる。

ラッセルは、心配に次ぐ不幸の最も強力な原因の一つとして、ねたみを挙げています。たしかに、人をねたんでいるときほど不幸を感じることはないでしょう。しかも、ねたみは自然に湧いてくる感情だからたまったものではありません。

自分よりちょっといいものを持っている、自分の欲しい物を手にしている、そういう人を見たり知ったりするだけで、もうねたみがメラメラと湧き出てきて、私たちの表情はたちまち嫉妬のいやらしい目つきに豹変してしまうのです。

人をねたんでいるときの顔はいやらしいものです。醜いといってもいいでしょう。じろっと横目で見て、歯を食いしばっている。そんな顔です。幸せなときの笑顔とは好対照といっていいでしょう。顔だけで見ると、単に心配事を抱えて暗い顔をしている人よりも不幸の度合いが高いといえます。なぜなら、暗さに加えて怒りがにじみ出ているからです。

人をねたむとなぜ不幸になるかというと、それは苦しむ結果になるからです。ラッセルはいいます。「自分の持っているものから喜びを引き出すかわりに、他人が持っているものから苦しみを引き出している」と。

面白いのは、彼がねたみを「民主主義の基礎」と表現しているところです。ラッセルももちろん民主主義を否定するわけではありませんが、単にそれを理想化するのではなく、人間の本質としての側面をあぶり出しているわけです。

というのも、人が民主主義を望むのは、誰か一人あるいは数人の人だけが偉いという状況を作りたくないからです。みんな平等でいたいわけです。だからといって物欲金銭欲はあるので、社会主義はあまり望みません。あくまでそれ以外は平等に扱われたいわけです。

そう考えると、みんな同じという民主主義はねたみを生まないので、幸福をもたらすための理想の制度だといえそうです。ただし、それが本当に定着していればの話ですが。難しいのは、みな抜け駆けしたいので、なかなか真の民主主義が成り立たない点です。誰もが本当は、自分だけは特別でありたいと願っているのかもしれません。

さて、それではどうすればそんな根深いねたみを克服することができるのでしょうか？ラッセルの提案は、賛美の念を増やすというものです。人と比較してねたむのではなく、うまくいっている人がいれば褒めればいいということです。要はポジティブな方に目を向けるということでしょう。

もちろんそれは簡単なことではありません。ラッセルも精神の訓練が必要だといっています。でも、たしかに人と比較などし始めたらきりがありません。そんなきりのない勝負をしていても、時間とエネルギーが無駄なだけです。人間の欲には際限がありません。ですから、無限の敵と勝負するようなものです。

そんな勝ち目のない勝負をしてねたみで苦しみ続けるくらいなら、いっそ勝負することをやめて、褒めたほうがよっぽど幸福になれるのです。私たちが本当に幸福になりたいなら、それは他者に勝つことでは実現できません。逆説的ですが、敢えて負ける、つまり褒めることではじめて実現できるのです。

まとめ

ねたんで相手に勝とうとしても幸福にはなれない。むしろ負けて褒めることが必要。

物事のいい側面を見る

皆さんは、人や物に対して好き嫌いがありますか？　もし嫌いな物が好きになったらどうでしょう？　きっと幸福が増しますよね。ラッセルは、そのための秘訣を論じています。

引用（ラッセル『幸福論』）

幸福の秘訣は、こういうことだ。あなたの興味をできるかぎり幅広くせよ。そして、あなたの興味を惹く人や物に対する反応を敵意あるものではなく、できるかぎり友好的なものにせよ。

わかりやすくいうと…

興味の幅を広げて、人や物を友好的に見るようにせよ。

様々な物に興味を持つことで、私たちの幸福の可能性は広がります。その際ラッセルは、人でも物でも、友好的に接しようといいます。人に対して友好的に接する。これはわかりやすいでしょう。ただ、その場合も、相手に負担をかけるような友好さはいけません。たとえば、相手を束縛してしまうような類の接し方です。それでうまくいけば幸福が増すのかもしれませんが、たいていは相手を苦しめてしまい、挙句自分も不幸になります。適切な距離を置いて接することが必要なのです。これは仮に恋人や家族でも同じだと思います。

では、物に対して友好的になるとはいったいどういうことか？　ラッセルは地質学者が岩石に対して抱く思い、考古学者が廃墟に対して抱く思いを例に挙げています。なるほど、物をコレクションしている人などは、こうした友好的な思いを抱いているのでしょう。そして自分のコレクションを見ては、幸福な思いにひたっているのでしょう。

私は物に執着がなく、また何を集めているわけでもありませんが、本をたくさん買います。そして必然的に集めることになります。その意味では、本に友好的な思いを抱いているといっていいかもしれません。たしかに自分の本棚を見ると幸福感も覚えます。

逆に、人でも物でも、敵対的な思いを抱いていると、やはり楽しくはないですね。そのくせ気にはなるのです。嫌な人のことや嫌な物のことは結構考えてしまうものです。ラッセルはクモが嫌いな人の例を挙げていますが、誰しも嫌いな物の一つや二つはあります。それについていちいち思いを巡らしていては、気分が悪くなる一方です。

ですから、どうせ考えるなら友好的な視点で見た方がいいに決まっているのです。その際、好きな物についてはもともと友好的に見ることができるわけですが、嫌いな物についてはどうすればいいのでしょうか？

私はこの答えは意外と簡単であるように思っています。つまり、いい側面を見るようにすればいいのです。どんな物にもいい側面というのはあるものです。反対にどんないい物にも悪い側面はあります。

ですから、嫌だと感じる物のいい面を探すようにしてみてください。どうしても自分で見つけることができない場合は、それを好きだといっている人の意見を聞いてみるのです。近くに適当な人がいなければ、インターネットで探してもいいでしょう。先ほどのクモだって、愛好家がいるわけです。その人たちにしてみれば、クモほど愛しいものはないのです。そしてそれにはちゃんと理由があるのです。それを知ることで、少しは気持ちがわかるはずです。

私の場合は、釣りが嫌いです。魚をひっかけるのもかわいそうだし、そもそも餌とかを触りたくないし、何より釣れるまで待つのが嫌なのです。とはいえ、子どもが行きたがるので、やらざるを得ないときがあります。それでも釣りの本を無理やり読んでいると、少し興味が湧いてくるから不思議です。釣りに対して友好的になれれば、きっと幸福が増すのでしょうね。子どものためにも頑張ってみます。

まとめ

人や物に友好的になることで、幸福が増す。

熱意の力

皆さんは、熱くなるほうですか？　それとも割と醒《さ》めたほうですか？　ラッセルにいわせると、熱くなることは幸福になるための条件です。いったいなぜなのか、一緒に見てみましょう。

引用（ラッセル『幸福論』）

男性にとっても、また女性にとっても、熱意こそは、幸福と健康の秘訣である。

わかりやすくいうと…

誰にとっても幸福になるには、熱くなることが大事だ。

ラッセルは幸福な人の特徴として熱意を挙げています。たしかに、熱意を持っているときというのは、気分も高揚し、ポジティブな気持ちでいられますね。何かに没頭しているからでしょう。

逆にいうと、何かに熱意を持てばそれで幸せになれるわけです。そういう習慣を身に付けるようにすればいいのです。ラッセルが挙げているシャーロック・ホームズの例は、熱意が人生を面白くすることを如実に物語っています。シャーロック・ホームズは、落ちている帽子を見ただけで、「その持ち主は酒で身をもちくずし、妻はもう昔ほど彼を愛していない」などと想像できるというのです。つまり、人はちょっとしたことに対してこれほどの熱意を傾けることができるということです。

シャーロック・ホームズは探偵なので、落ちている帽子の意味を熱意を持って考察したわけですが、私は哲学者なので、その場合「帽子とは何か?」だとか、「落し物とは何か?」といったような視点で、熱意を抱くことになると思います。そして実際に、いつもそうやってあらゆるものに熱意を抱いて、幸福感を得ています。哲学者というのは、本当に幸せな職業です。言葉の意味一つで何時間でも過ごせるなんて。

熱意を持った人というのは、程度の差はあれ、偏執的なところがあるものです。一つのことにこだわり、それを追求するのですから。どうしても周りが見えなくなったり、変な方向に突っ走ったりしてしまいます。それで常に幸福になれるかというと、そこはある程度控える必要はあるでしょう。

もちろんラッセルも、熱意が行きすぎることに対してちゃんと警戒を示しています。物事には「わく」があって、そのわくを超えると、逆に不幸を招くということです。でも、そのわくさえ心得ていれば、熱意は幸福に直結します。

それは幼い子どもの様子を見ていれば明らかだとラッセルはいいます。幼い子どもは何にでも興味を持ち、いったん興味を持つと一心不乱に追い求めます。だから不幸そうな子はあまりいません。

生まれたときは天使のような笑顔だったのが、だんだんそうではなくなってきて、最後は醒めた大人になってしまうのは、そうした理由からです。つまり、熱意を失ってしまうからです。なんでも打算的に考え、どうせやっても得にならないなどといってあきらめてしまう。それでは幸福になれるチャンスを逃してしまいます。

だから私は物事に惹かれるのはすごくいいことだと思っています。そんな調子のいいことではだめだという人もいますが、醒めているよりはよっぽどましです。醒めていては、幸福のきっかけもつかめないからです。

以前、生徒の保護者から、子どもがアイドルの追っかけをしていて困ると相談を受けたことがあります。でも、たとえアイドルの追っかけでもいいじゃないかと思うのです。それで幸福になれるなら。あるいはそこから何か興味が広がっていくかもしれません。大事なことは幸福をつかむことです。そのために熱くなる必要があるのなら、対象はなんでもいいと思います。まずは熱くならないことには始まらないのですから。

まとめ

なんでも熱くなることではじめて、幸福への扉が開かれる。

❀ 愛情の影響

皆さんは愛情を受けていますか？　愛情を受けていれば幸福になれるでしょうか？　いったい愛情と幸福の関係はどうなっているのか考えてみましょう。

引用（ラッセル『幸福論』）

男女を問わず、大多数の人びとは、自分が愛されていないと感じると、臆病な絶望の中に沈み込んでしまい、ただ、ときどき、ねたみや悪意をちょっぴり示すことでうっぷんを晴らすようになる。

わかりやすくいうと…

愛情が足りないと、臆病になり、人に対してもネガティブな態度をとってしまう。

愛情と幸福はいかにも関係が深そうですが、簡単にいうと、愛情によって自信が生まれ、それが幸福につながるということです。逆に愛情が与えられていないと、自分は人から承認されないだめな人間だと思い込んでしまって、自信を喪失し、常に不安を抱きながら臆病な人生を送ることになります。

それは精神的に不幸なだけでなく、実際にも不幸な出来事に出くわす確率が高くなるのです。ラッセルは鋭いことをいっています。たとえば、狭い板の上を怖いと思って歩いていると、落っこちる確率が高くなるというのです。そしてそれは人生にも当てはまると。

たしかに、恐怖心は身体を萎縮させます。だから実力的にはできるはずのことが、できなくなってしまうのです。こんなにもったいないことはありません。愛情がいかに重要かおわかりいただけたのではないでしょうか。

では、そんな重要な愛情は、いったいどうやって身に付けることができるのでしょうか？ラッセルによると、まずそれは子どものころに親から与えられるものだといいます。ですから、きちんと愛情を与えられなかった子どもは、臆病で一風変わった子どもになってしまうのです。

ここでラッセルは自虐的な面白い例を挙げます。つまり、愛情を与えられなかった子どもは内向的になり、やがて哲学の体系の中に非現実的な慰めを求めるようになると。ラッセル自身哲学者ですから、自分のことを振り返ってそういっているのかもしれません。

そうして世界をわかりやすいパターンにまとめたいという欲求を抱くというわけです。だから哲学は恐怖の所産であり、広場恐怖症の一種なのだといいます。自虐的で思わず笑ってしまいますが、私も哲学者なので、笑ってばかりもいられません。

たしかにラッセルのいっていることは、一理あります。哲学というのは、物事を理屈の中に位置づけることであって、それは世界の体系化にほかなりません。世の中を一貫した原理のもとに説明することではじめて、個々の物事の本質も確定するわけです。私自身、どうしてそのような営みに従事しているかというと、やはり自分の置かれたこの世界をすっきりと説明し、納得したかったからです。そしてそのような欲求を抱いた動機は、おそらく自分を肯定する点にあったのだと思います。

哲学を始めた30歳ごろの私は、社会からドロップアウトしたフリーターで、完全に自信を喪失していましたから。もっとさかのぼると、子どものころからそういう傾向はありました。親の離婚や転校していじめられたことなど、哲学に向かう要素はたしかにいくつかあったように思います。

その意味では、愛情を受けないと不幸になるのかもしれませんが、哲学に出逢えば幸福になれるということです。何しろ私は今世界を体系化し、自分を肯定し、幸福に過ごすことができていますから。愛情不足を感じている人には、ぜひ哲学をお勧めしたいと思います。

もちろん、愛情を得るのに遅すぎることはありませんから、今からでも愛情を探すことができればベストですが。そのために役立つラッセルからのヒントを最後に一つ。それは自分も人に愛情を与えようと努めることです。きっと愛情が返ってくるに違いないというわけです。

まとめ

愛情を受けることで自信が湧き、幸福になれる。

仕事を楽しむ

皆さんは仕事が好きですか？　おそらく仕事が楽しいという人は好きなのでしょうね。そして幸せを感じることができるのでしょう。では、どうすれば仕事は楽しくなるのか？　仕事と幸福の関係について考えてみましょう。

引用（ラッセル『幸福論』）

首尾一貫した目的だけでは、人生を幸福にするのに十分ではない。しかし、それは、幸福な人生のほぼ必須の条件である。そして、首尾一貫した目的は、主に、仕事において具体化されるのである。

わかりやすくいうと…

人生に目的があれば、幸福になれる。そしてその目的は仕事によってもたらされる。

仕事は幸福の原因か、それとも不幸の原因か？　その答えは人によると思います。仕事を楽しんでいる人は幸福の原因だと答えるでしょうし、仕事で苦しんでいる人は不幸の原因だというだろうからです。

ただ、ラッセルがいうには、量が多くない限りは、どんな仕事でもないよりはましだということです。つまり、人間にとって仕事がないことほどつらいことはないという意味です。

これは私もよくわかります。20代後半のフリーター時代は、正規の仕事がなかったからです。時々アルバイトをして食いつないでいましたが、生活が苦しいという以上に、精神的につらかったですね。安定した仕事があることは、それだけで幸福をもたらすということが実感できた数年でした。

しかし、ラッセルによると、仕事はこのような消極的な意味合いにおいてだけでなく、もっと積極的な意味において幸福の原因になり得ます。そのためには、先ほども書いたように仕事を楽しむ必要があるのですが、それができれば苦労はしません。

そこでラッセルは、仕事を楽しむための秘訣を二つ挙げています。一つ目は、技術を行使することです。技術を高めようとして取り組めば、何事にも熱中できます。人は自分のスキルを高めることに夢中になる生き物です。それは子どものころを思い出してもらえばわかると思います。新しい遊びやスポーツを覚えるたび、毎日暗くなるまで練習したのではないでしょうか？　そして翌日友達に披露する。これは大人になっても変わらない、人間の本質みたいなものなのです。

そのうえ、技術の向上というのは、どんな仕事においても見出せる面白さである点が特徴です。大金を稼げないと楽しめないとか、尊敬されないとだめだといわれると、仕事が限定されてしまいます。でも、やっていることの技術さえ向上させればいいとなると、どんな仕事でも可能だからです。

先日、造園技師さんに来てもらって、庭の植木の手入れの仕方を教わったのですが、その技術の高さにびっくりしました。私が「難しいですね」というと、笑いながら「1日で学べるものじゃないですよ」といわれてしまいました。たしかにそうです。何年も実践を繰り返す中で磨かれてきた技術ですから。

たまたまその造園技師さんは一郎さんというお名前だったのですが、まさに野球選手のイチローが技術を磨こうと毎日訓練している姿と重なりました。どんな仕事も同じだなぁと感じたものです。技術を磨くことを目的にしていれば、どんな仕事もメジャーリーガー並みに楽しめるわけです。

さて、仕事を面白くするための二つ目の秘訣をご紹介しましょう。それは建設性という要素です。つまり、物を作りあげていくという喜びです。どんな仕事も何かを作りあげていることに違いはありません。自分の苦労が形になるというのは嬉しいものです。そのイメージを常に持つことで、仕事はもっと楽しくなるはずです。たとえそれが実際に目に見える形にはならないものであるとしても、自分で進行の過程を記録したり、グラフにしてみるなどの工夫はできるはずです。

まとめ

仕事を楽しむことができれば、幸福になれる。

趣味をたくさん持つ

皆さんは趣味を持っていますか？　その趣味のおかげで幸せを感じることはありますか？　ラッセルは趣味が幸福をもたらすといいます。仕事ばかりしている人は、ぜひ趣味の効用について一緒に考えてみてください。

引用（ラッセル『幸福論』）

悲しみは避けがたいものであり、覚悟してかかるほかはない。しかし、悲しみを最小になすべきことは、何でもしなければならない。ある人びとがするように、不幸からみじめさの最後の一滴まで飲み干そうとするのは、単なる感傷でしかない。

わかりやすくいうと…

不幸を避けることはできない。でも不幸を最小にするために、あらゆる努力をする必要がある。

ラッセルは、「私心のない興味」を持つことで、幸福になれると主張します。私心のない興味とは、「一人の人間の生活の根底をなしている主要な興味ではなくて、その人の余暇を満たし、もっと真剣な関心事のもたらす緊張を解きほぐしてくれるといった、そういう二次的な興味」のことだといいます。つまり、趣味のことだといっていいでしょう。

なぜ私心のないなどという表現をしているかというと、それは趣味のことなら公平無私な気持ちで接することができるからだそうです。たしかに仕事となると、厳しい目でみてしまうものです。あるいは利害関係が絡むと、人間は私心なしに物事を見ることができなくなってしまうものです。

趣味を持てば幸福になれるというのは、それが気晴らしである以上、ある程度想像できますが、ラッセルはほかに二つの大きな理由を挙げています。一つ目は、釣り合いの感覚を保つのに役立つというものです。つまり、人生においてバランスをとるのに役立つということです。

仕事ばかり、あるいは家庭のことばかりだと、どうしても生活が偏ってしまうものです。

本当は人生はもっと様々な要素から成り立っているにもかかわらず、そのことに気づかないのです。そうして狭い世界に閉じこもり、そこで何か問題でも発生すれば世界の終わりであるかのような絶望感を抱いてしまうのです。たしかにこれでは幸福になれるはずがありません。

趣味を持つと幸福になれる二つ目の理由は、喪失感を埋めるというものです。人生は常にうまくいくものではありません。とりわけ愛する人の死は、私たちに計り知れない喪失感を与えます。そうして絶望の淵にたたき込まれるのです。

そんなとき、何か趣味を持っていれば、気持ちをそちらに向けることができます。もちろん、愛する人が死んだときに趣味などやっていられるわけはありません。でも、ラッセルがいうのは、まったく何もないよりはましだということです。

すぐにとはいかないまでも、少し時間がたてば、何かをし始めるでしょう。いや、そうでないと気を紛らすことができません。その何かがたくさんあったほうがいいということです。何かで気を紛らせたくても、何もなければどうしようもありません。そういうときに限って、お酒やドラッグの力に頼ってしまうのです。そしてより不幸になってしまうのです。

そんなことになるくらいなら、私たちは日ごろからしっかりと手を打っておくべきです。

人生において不幸は避けられません。

ラッセルはこういいます。「だから、人生の意義と目的をそっくり偶然の手にゆだねるといった、そんな狭い激しさを私たちの人生に与えるべきではない」と。運命にはさからえなくても、何の抵抗もせずに不幸に陥れられるのはしゃくですよね。少しでも不幸を和らげるために抵抗する。それもある意味で幸福になるための秘訣だといえます。

私は趣味が少ない方なのですが、なんでもかじってみるタイプではあります。そのおかげで、時々再開して喜びを得られることがあります。たとえば、中高生の時代にギターにはまりました。大人になってからは弾かなくなったのですが、外国に住むたびギターを入手して日本の歌を弾き語りしてしまいます。一種の郷愁なのかもしれません。そのおかげで心が落ち着くことがあります。まさに趣味に救われたと感じる瞬間です。

まとめ

趣味をたくさん持つことで、人は幸福になれるし、不幸を和らげることができる。

あきらめることも大切

皆さんは幸福を得ようと努力していますか？　あきらめるのは嫌ですか？　ラッセルは、努力とあきらめという二項対立を超えて、幸福を追い求めるための新たな提言をしています。それはいったいどのようなものでしょうか？

引用（ラッセル『幸福論』）

しかし、あきらめにも、また、幸福の獲得において果たすべき役割がある。その役割は、努力が果たす役割に劣らず欠かすことのできないものだ。賢人は、妨げうる不幸を座視することはしない一方、避けられない不幸に時間と感情を浪費することもしないだろう。

わかりやすくいうと…

あきらめることも幸福を得るにはプラスになる。それは、避けられない不幸を追い求めてより不幸になるより意味があるからだ。

幸福は黙っていても得られない。これはラッセルに限らず、多くの人が説くところです。ラッセルはそれを幸福の獲得と呼びます。

もちろんたまたまラッキーなことだってあります。でも、なぜかそういう偶然の幸福に私たちは安心できないのです。そこには努力が伴っていないからです。だから不安になります。何か後で悪いことが起きるんじゃないかと。

これに対して、自分が努力した結果として獲得した幸福については、当然のご褒美として安心して享受することができるわけです。誰もが幸福は努力に比例することを心得ているのでしょう。

ところが、ラッセルが面白いのは、だからといって努力して絶対に幸福を勝ち取れなどとはいわない点です。普通はそう呼びかけてしまいがちですが、彼は賢明な人物です。なんとあきらめることも大事だというのです。避けられない不幸に時間と労力を割いて、余計に不幸になるのを避けるためです。そうして努力とあきらめのバランスについて論じるのです。

そこで出てくるのが、二種類のあきらめについてです。一つは絶望に根差すもの、もう一つは不屈の希望に根差すものだといいます。前者はだめだけれども、後者のあきらめはいいというわけです。これが彼のいうバランスです。

ラッセルはこのように表現しています。「純粋に個人的な希望は、無数の形で挫折するものであって、避けがたいものかもしれない。しかし、個人的な目的が、人類のための大きな希望の一部であった場合は、たとい挫折をしたとしても、同じような完膚なきまでの敗北ではない」と。

つまり、そのあきらめが、個人的にはもうどうしようもないものだとしても、自分が取り組んだことによって、他の誰かにプラスになるなら、もうそれで十分だということです。その場合はあきらめて、別のことに邁進したほうが、また幸福になれる可能性がありますから。

これはなかなかポジティブな発想だといえます。たしかにあきらめは常に敗北だけれども、完膚なきまでの敗北を避けることは可能なのです。それは自分の敗北を無にしないということです。だから自分がそれまであがいてきた成果が、少しでも人の役に立つのなら、それはある意味で幸福なわけです。

人間一人ができることには限りがあります。でも、人類という発想で行けば、私たちは挫折も含め、常に大きな幸福への貢献をしているのです。したがって、誰かほかの人の幸福も、自分の幸福のように喜ぶべきだと思います。そうすれば、自分の小さな成功や失敗に一喜一憂する毎日から抜け出せることでしょう。

ラッセルはあきらめという言葉を使っていますが、これは決してネガティブなものではなく、もっというとあきらめでさえありません。そう、彼は幸福の希望について語っているのです。幸福には努力かあきらめしかないのではなく、努力か希望しかない。なんだか勇気が湧いてきますね。

まとめ

幸福は努力によって得るもの。だめなときもあきらめるのではなく、希望を持てばよい。

幸福の条件とは？

幸福の条件とは何でしょうか？　皆さんならどのような条件を挙げますか？　最後にラッセルの考える幸福の条件について見ていきましょう。

引用（ラッセル『幸福論』）

幸福な人とは、客観的な生き方をし、自由な愛情と広い興味を持っている人である。また、こういう興味と愛情を通して、そして今度は、それゆえに自分がほかの多くの人びとの興味と愛情の対象にされるという事実を通して、幸福をしかとつかみとる人である。

わかりやすくいうと…

幸福の条件は、人とかかわりながら生き、自由な愛情を持ち、広い興味を持っている

―こと。また、それらが理由となって人に好かれることで、幸福を感じること。―

幸福の条件をずばり挙げるのはそう簡単ではありません。でも、多くの人に当てはまるであろう一般的な法則めいたものは提示できるように思います。その点でラッセルは、大前提として、自分の殻にとじこもるのではなく、外に向けて興味を広げることを説いているように思います。

それが客観的に生き、自由な愛情を持ち、広い興味を持つということの意味だといっていいでしょう。客観的の反対は主観的ですが、主観的に生きるということは、まさに自分の殻にとじこもることにほかなりません。したがって客観的に生きるとは、人とかかわりながら生きるということです。自由な愛情も広い興味も、いずれも自分以外の外部の人や物に対する関心の話です。

さらに注意しなければならないのは、それらを通じて、人から好意を抱いてもらうことが大事だと考えている点です。つまり、自分が外部に興味を持つことで、外部のほうにも自分に興味を持ってもらう。その双方向の関心が成立してはじめて、人は幸福になれるということです。

たしかに、いくら自分が誰かを好きになっても、相手から嫌われているのでは幸福感は得られませんから。これは物に対しても同じです。ラッセルはこうした双方向の関心が成立していない状態を、分裂あるいは統合の欠如ととらえています。彼は次のようにいっています。「意識的な精神と無意識的な精神とをうまく調整できないとき、自我の中に分裂が生じる。自我と社会とが客観的な関心や愛情によって結合されていないとき、両者間の統合の欠如が生じる。幸福な人とは、こうした統一のどちらにも失敗していない人のことである。自分の人格が内部で分裂してもいないし、世間と対立してもいない人のことである」と。

自分の中で意識と無意識が分裂していれば、それは悩みを抱えた状態でしょうから、いつもイライラして、あるいは悪夢にうなされ、とても幸福な状態とはいえません。これはわかりやすいと思います。

問題はその次です。ラッセルにいわせると、自分と社会もうまくつながっていないと、やはり不幸なのです。つまり、先ほど書いた双方向の関心が成立していない状態です。おそらく社会や周囲の人たちから疎外されているように感じることでしょう。たとえば、初めて地域の祭りに参加して、近所の人と話したり、新しい人と知り合いになれば、自分が地域の一員であることを実感するのではないでしょうか。それによって、これまで自分の中になかった種類の幸福感を得られるように思うのです。

人格内部の統一と世間との統一、この二つの条件が満たされてはじめて、人は幸福になれるということです。

ラッセルは自らを快楽主義者と呼びます。だから幸福な人生とはよい人生のことを指すのだと。でも、それは決して独りよがりな快楽ではなく、あくまで社会と調和した快楽である点を忘れてはいけません。人や物とうまく付き合うことで得られる快楽です。

幸福とはとかく主観的なもの、つまり自分の気持ち次第でなんとかなるものと思いがちですが、そうではないのですよね。私たちが社会に生きる成員である以上、社会とうまくいっていない限り幸福にはなれない。当たり前のことですが、改めていわれないと気づかないものです。その意味では、社会に参加し、いい社会を築くことも自分の幸福につながっているのかもしれません。

まとめ

外の世界に興味を持ち、また外の世界からも受け入れられることではじめて幸福になれる。

信念を持って生きる

——ヒルティの『幸福論』

ヒルティ『幸福論』の特徴

スイスの哲学者カール・ヒルティ（1833〜1909）は、もともと法学を修め、弁護士として働いていました。その道ではスイス陸軍の裁判長にのぼりつめたほどの有能ぶりです。ただ、同時に大変熱心な勉強家でもあり、文才にも長けていたことから、ベルン大学の教授として招聘されます。そこで法学に限らず、博学を生かして幅広い著作活動を行なったのです。中でも彼が強く感化された書物が聖書であったことから、宗教倫理的著作を多く著すことになりました。その一つがこの『幸福論』だといえます。

したがって、彼の幸福論の特徴は、キリスト教の信仰に基づくものである点です。ヒルティは、「ひとが意識に目覚めた最初の時から意識が消えるまで、最も熱心に求めてやまないものは、何といってもやはり幸福の感情である」といいます。それほど幸福を重視しているのです。信じる者は救われるといいますが、信じる者が幸福になるというのもまた真理なのでしょう。

もっとも、彼の幸福論は、ただキリスト教徒だけにしかあてはまらないといった狭いものではありません。信仰を信念に置き換えてみると、万人に当てはまる真理が満載です。とりわけ彼は哲学者でもあるので、思考することに重きを置いています。幸福は人間の精神的営みですから、思考なくしてあり得ないわけです。

何も考えずに神にすべてを委ねていればいいというのではなく、むしろ自ら一生懸命考える。そして行動する。その果実として幸福をとらえているように思えてなりません。中でも彼が重視するのは、仕事です。自分がやるべき仕事を見つけ、それに邁進する。これはキリスト教の職業召命観ともいえますが、それ以上に彼の人生に対するポジティブな態度の表れと見ていいのではないでしょうか。

私たちはつい仕事を大変なものであるとかネガティブにとらえがちですが、むしろ日常にこそ幸福があるということです。問題はそれに気づくかどうか。ヒルティの幸福論はこうした気づきのヒント集でもあります。だからこそ、この書は万人に読み継がれ、21世紀の今なお世界中に響く言葉となり得ているのです。

☘仕事こそが、幸福をもたらす

皆さんは仕事が楽しいですか？　それはどうしてですか？　休みよりも楽しいですか？　ヒルティはそもそも仕事と休みを対立させて考えません。いったいどういうことなのか、一緒に考えてみましょう。

引用（ヒルティ『幸福論』）

働きのよろこびは、自分でよく考え、実際に経験することからしか生まれない。それは、教訓からも、また、残念ながら、毎日証明されるように、実例からも、決して生まれはしない。

わかりやすくいうと…

仕事の喜びは、その意味をよく考え、実際にやってみることではじめて生まれるものである。

まずはヒルティが、自らの幸福論を仕事の話から始めているところに着目したいと思います。彼は「仕事の上手な仕方」という表題のもとに、仕事こそが幸福をもたらすという話をします。

そのために仕事と休息を対比して、これらを対立するものととらえる考え方を批判します。というのも、もし休息がつらい仕事の後の楽しみだなどと思ってしまうと、おおよそ仕事によって幸福を得ることなどできなくなってしまうからです。

ここで彼はキリスト教徒らしい表現をします。「もしも勤労が避けられず、しかも休息はこれと反対のものであるならば、『あなたは額に汗してパンを食べねばならぬ』（創世記三の一九）という言葉は、まったく残酷な呪いの言葉であり、地上はじっさい涙の谷であろう」と。ヒルティの幸福論を特徴づけているのが、このキリスト教的価値観です。その点を念頭に置いていただけると、より彼の幸福論が理解しやすくなると思います。

さて、こうしてヒルティは仕事と休息を等置しようとします。つまり、人間とは働く点に本質があり、それは喜びだといいたいのです。休息はその中で自然に与えられるものであって、わざわざ仕事を犠牲にしてまで取るものではないということです。疲れたら休むのは当然で、でも本当はもっと続けたいはずだということです。

これは子どもの遊びを想定するとわかりやすいと思います。彼らは疲れきるまで遊び、仕方なく休憩します。そしてすぐにまた遊び出すのです。ヒルティによる仕事と休息の関係のイメージは、このような感じなのではないでしょうか。

こんなことをいうと、子どもの遊びと大人の仕事は違うという人がいるかもしれません。でも、子どもにとって遊びは仕事です。ヒルティは、大人にとっても仕事は遊びであるべきだと考えているのです。

だから彼は、仕事の種類などどうでもいいといいます。そうではなくて、「創造と成功」が大事だというのです。これはもう遊びの本質と同じです。物事を生み出し、それがうまくいくように工夫する。その繰り返しが仕事だというわけです。

そんなふうにとらえることができれば、すごく楽しくなりそうですよね。仕事が幸福をもたらすというのも納得できます。同じ仕事でも、考え方次第でいくらでも楽しくなるということです。たしかに同じ仕事を嬉々としてやっている人と、嫌々やっている人の違いはこんなところにあるのかもしれません。ただ、一つ注意しなければならないのは、ヒルティが考えることと経験することを強調している点です。
いくら仕事は楽しいといわれても、自分のやっていることの意味をよく考え、かつ実際にやってみないことにはわからないものです。仕事とはあくまで実践ですから。私も経験があるのですが、イメージだけで仕事を選んで失敗する、つまり不幸になる人がたくさんいます。やはり頭と身体を使わないと、簡単には幸福になれないということなのでしょう。

まとめ

仕事を遊びととらえることで、幸福になれる。

孤独を愛する

皆さんは一人の時間が好きですか？　ヒルティは、孤独を愛することができれば幸せになれるといいます。はたしてそれはどういうことなのか、一緒に考えてみましょう。

引用（ヒルティ『幸福論』）

ある程度孤独を愛することは、静かな精神の発展のためにも、またおよそ真実の幸福のためにも、絶対に必要である。

わかりやすくいうと…

孤独を愛することで、心は落ち着き、幸福になれる。

ここで取り上げた引用箇所は、実はゲーテの友人でロシアの将軍フォン・クリンガーという人物の小論文（「どうしたら策略なしに常に悪と戦いながら世を渡ることができるか」）について、ヒルティが解釈を加えている部分です。ヒルティはこの文章の中に哲学的本質を見出し、幸福のためのエッセンスを抽出しようとしているのです。

私たちは日ごろ、人との社交や雑事に追われ、せわしなく日常を過ごしています。そしてそれに慣れきると、誰とも話さない日や、何もやることがない日を物足りなく感じてしまうのです。それでふと友人に電話したり、無理に人と話そうとします。でも、考えてみると、そのような一人の時間というのは貴重なものです。普段は一人になりたいと思ってもなかなかなれるものではありませんから。

ヒルティにいわせると、本当の幸福というのは、そうした孤独を愛することではじめて得られるのです。人といるときに楽しいのは当たり前です。でも、一人でいるときも楽しめれば、常に人生が楽しいということになるわけです。

さらにヒルティは一歩進めて、その孤独な時間のほうこそを重視しているように思えます。彼はゲーテの次の言葉を引いています。「その他一切は、要するに空虚な、そして無意味なものである」と。

つまり、人間は気分によって支配されているので、その支配から逃れて他人のことをあまり気に掛けないようになってはじめて、心の平静を保てるということです。そうでないと、いちいち他人に左右されて、心が安定しないからでしょう。

これは私もよくわかります。人間はつい人と比べてしまうものです。しかし、いちいち他人の状況に踊らされていては、幸福感を得ることはできません。たとえば、せっかくスポーツを頑張っていたのに、友達が塾で勉強し始めたからといって、急に自分もスポーツを止めてしまうといったように。自分は自分、人は人。自分をしっかり持つ必要があります。そうでないといつまでもふらふらして、幸福になれないからです。

だからヒルティは、大きな思想に生きよといいます。彼の場合はキリスト教を含意しているのかもしれませんが、これは何でもいいと思います。自分の信念のようなものです。そうした信念をしっかりと持っていれば、孤独を恐れることもないのです。その結果、目標を達成し、幸福な人生を送ることができます。

あるオリンピックのメダリストがこんなことをいっていました。子どものとき、みんな遊びに行くのに、自分だけ毎日練習をしなければならなかったと。しかし、その孤独に耐え抜いたからこそ、彼はメダリストになれたのです。これは孤独と闘うというのとは違います。

それでは長続きしません。

　おそらく彼は孤独を愛せるようになったのでしょう。大きな思想のもとで、一人別のことをする生活に安らぎを感じられるようになったに違いありません。皆さんももし孤独を感じたら、ぜひ孤独を愛するようにしてください。これは自分の信念を貫く過程なのだと信じて。

まとめ

孤独を愛することで、人は本当の幸福を得ることができる。

愛のススメ

あなたは万人を愛せますか？　私たちは何を基準に、人を愛したり愛さなかったりするのでしょうか？　ヒルティの言葉に耳を傾けてみましょう。

引用（ヒルティ『幸福論』）

われわれは、どんな価を払っても、われわれ自身のために習慣的に、すべての人々を愛するようにつとめなければならない、人々が愛に価するかは問うことなしに。

わかりやすくいうと…

その人が愛するに値するかどうかにかかわらず、万人を愛する習慣を身につけなければならない。

ヒルティは、「生活上の最もすぐれた良い習慣」をいくつか挙げています。それによって人は幸福になれるというわけです。その中の一つが、引用箇所にある愛のススメです。まず彼は、名誉や享楽を追い求めるのをやめるよういいます。そんなものを追求していると、やがて誰かの奴隷になってしまうからです。

その代わりに愛を求めよというのです。これもキリスト教的ではありますが、誰かを愛さない人はいないので、皆さんもわかるのではないでしょうか。

ただヒルティの主張のポイントは、すべての人を愛するという部分にあります。誰かを愛することはできても、すべての人を愛するのは簡単ではありません。なんとも思っていない人だけでなく、嫌いな人まで愛さないといけないのですから。

私たちは人を愛するとき、その人が愛するに値するかどうか吟味しています。だから、ヒルティはそのような価値の吟味をやめよというのです。なぜなら、人は判断を誤るものだからです。

たしかに、人間を完璧に判断するなどというのは不可能です。面接でもよく騙されます。いい人だと思って採用したら、実は厄介な人だったというふうに。結婚も同じでしょう。騙されたと思っている人は意外と多いのではないでしょうか。あるいは裁判もそうかもしれません。どれほど更生の余地があるか、裁判官だって見抜けません。

とするならば、いちいち騙されたと腹を立てるのではなく、最初からその人の価値にかかわらず、一様に愛するようにすればいいのです。ヒルティはそうすることではじめて、心の平静が保て、また誰とでも付き合って行けるといいます。

もしかしたら、これは赦《ゆる》すということなのかもしれません。誰かを愛するのは、その人の行ないが自分にとって心地よいからでしょう。そうしてその人の存在そのものが、自分にとって心地よいものになります。その反対で、誰かを愛せないのは、その人の行ないが自分にとって不快だからです。とするならば、その人の行ないを赦せばいいのです。どんな行ないも常に赦す。そうすることで、誰でも愛せるようになるはずです。

騙されるようなことがあったとしても、それはその人のせいではありません。ヒルティにいわせると、憎むべきは人間ではなく物なのです。いわゆる罪を憎んで、人を憎まずの思想です。そう考えるようにしてみてはどうでしょうか。

私は教師ですから、生徒の行ないに対して腹を立てることもあります。しかし、そんなときはヒルティの言葉を思い出して、その子自身を憎まないように努めています。その子が悪いことをするのは、あるいは態度が悪いのは、置かれた環境のせいだと考えるようにしているのです。
実際、それは事実です。鬼に生まれる子どもはいません。皆、環境のせいで鬼になるのです。だから憎むべきは環境であって、大人はそういう環境を変えることにこそ尽力すべきでしょう。そして本当にあらゆる環境が改善されるとき、この世はようやく愛に包まれるのです。

まとめ

万人を愛することで、自分も幸福になれる。

倫理という条件

この世に倫理はあるのでしょうか、それとも弱肉強食に支配された血も涙もない自然法則に支配されているのでしょうか？

引用（ヒルティ『幸福論』）

幸福の第一の、絶対に欠くことのできない条件は、倫理的世界秩序に対する堅い信仰である。このような秩序なしに、世界はただ偶然によって、あるいは、弱者に対する取り扱いはほとんど残酷なまでに厳しい自然法則によって、支配され、または人間の策略と暴力とによって動かされるものだとするならば、個人の幸福などはもはや問題にならない。

わかりやすくいうと…

幸福になるには、この世界が倫理的な秩序によってつくられていると強く信じなければならない。もしそのような秩序がなくて、世界は弱肉強食の自然法則に支配されているとすれば、個人の幸福などあり得ない。

ヒルティは二つの世界観を提示します。一つは倫理に支配された助け合いの世界、もう一つは血も涙もない弱肉強食の世界です。そしてもちろん、人々が幸福になるためには、前者の倫理に支配された世界が不可欠だというのです。

なぜなら、倫理のない世界は自然に支配されています。自然とはヒルティの表現によると偶然の支配する世界です。たしかに私たちがこの体で生まれてきたのも、この境遇に生まれてきたのも偶然です。

人間以外の動物の世界では、彼らはその偶然のままに生き、死んでいきます。だから体の大きな動物は小さな動物を食べるのが当たり前なのです。病気になって死ぬのも当たり前。それが自然法則です。

でも、人間世界は違います。力の強い者が力の弱い者を痛めつけるのが当たり前ではありませんね。また、病気になったら、周囲の人たちが手を差し伸べます。病院も福祉施設もあります。

だからみんな幸せでいられるのです。これがヒルティのいう倫理的世界秩序です。そしてそんな秩序があると信じることによってはじめて、人は幸せを得られるのです。もし誰もが倫理に懐疑的になり、そんな秩序なんて存在しないなどと思い出したら、きっと世界は自然に戻っていくことでしょう。

そうするとジャングルのように強い者が支配する冷酷な世界になってしまいます。ヒルティはその一つの例として、マキァヴェリの『君主論』を挙げています。この本は、徹底的なリアリズムに基づいて、君主の力によって秩序を形成しようというものです。この『君主論』に対抗する世界観が、世界国家の建設です。世界のすべてを取りまとめる大きな力によって、弱肉強食の争いを防ごうというわけです。ところが、これもまた暴力によって実現される世界であることには違いありません。

そこでヒルティは、倫理によって、一人ひとりが自主的に秩序を形成する世界を理想とするのです。これは現代社会においても強く求められていることだといえます。社会が豊かになればなるほど、格差は広がります。でも、その格差を強制的に是正しようとすると、反感を覚える人たちが出てきます。それは暴力ではないかと。

だから理想は、自分たちで自主的に手を差し伸べる、あるいはそもそものような格差が生じないように予め努めることだと思うのです。それを可能にするのが倫理です。もっとがめつく儲けてやろうと思うところを、少し我慢する。困っている人には分けてあげる。ほんのそれだけで、世界は変わります。誰もが幸せになれるのです。

問題は、倫理の形成というのは自主性に委ねられていることから、人々がその気にならなければ、形成されないし、適切に運用もされないという点です。だから信じることが必要なのです。倫理は相手への信頼で成り立っています。あの人もやるだろうから、自分もやろうということになるのです。

あらゆる事柄は、この相手の行為への信頼で成り立っています。少し大げさになりますが、人間という存在への信頼といってもいいかもしれません。もし世の中に問題が溢れ、それが一向に解決せず、人々が不幸になっているとしたら、それは人間という存在への信頼が失われていっているからではないでしょうか。ヒルティはそういいたかったように思えてなりません。

まとめ

弱肉強食の自然法則を克服し、世界に倫理的秩序を確立することで人は幸福になれる。

不幸は幸福への扉

皆さんは自分が不幸だと思いますか？　それはなぜですか？　どうしたら不幸を乗り越えることができるのでしょうか？　ヒルティはそのための方法を説いてくれています。

引用（ヒルティ『幸福論』）

「患難をも喜ぶ」（ローマ人への手紙五の三）という使徒パウロの言葉は、そのほかの多くの彼の言葉と同様に、不幸のうちにどのような力が、どんなに深い内的幸福がひそんでいるかを自ら経験しなかった者には、その本当の意味は絶対に分かりはしない。

わかりやすくいうと…

不幸を受け入れることで、普通なら経験できないような幸福を味わうことができる。

ヒルティは、意外にも不幸を肯定的に受け止めています。つまり、不幸が避けられない以上、そこから目をそむけていては、いつまでたっても幸福になどなれないからです。だから不幸と妥協せよというのです。あるいはもう少しポジティブに、それを運命との和解と呼びます。

とはいえ、不幸を受け入れるのは簡単ではありません。いったいどのように和解せよというのか。いやいや不幸を認めるだけでは、和解とは呼べませんし、それでは不幸を抱えたままですから、幸福にはなれません。あくまで目的は幸福になる点にあるからです。

むしろ不幸を乗り越えてこそ、幸福への扉が開かれるのです。たしかに、不幸を乗り越えた人にしかわからない幸福もあるものです。そこでヒルティは、不幸を乗り越えるためのプロセスを紹介します。

まず、熟慮することです。なぜ自分の身にそれが起こったのか、その意味をよく考えるのです。そのうえで、不動の信念を持つ必要があるといいます。そうやってはじめて、人は不幸を乗り越えることができるわけです。

不幸の意味を考える、つまり不幸に正面から向き合わないことには、それを乗り越えることなどできません。そうして向き合うことで、私たちは不幸の原因や意味を知り、仕方ないと思えるのです。さらに場合によっては、それをプラスに変えようとさえ思えるようになります。

ヒルティも不幸を経験しなければ、決して味わえない幸福があるといいます。たとえばこんなふうにいっています。「堅い人情のきずなもまた不幸の中で結ばれる。ひとがある人と困難を共にし、互いに信義を示し合ったならば、何物にも破られぬ、まことの宝である、真の友情が生まれるものである」と。

思わず戦友という言葉を思い浮かべてしまいます。そういえば先日、市役所時代の上司や同僚に会いました。台風や豪雨で災害の多発した年に、共に防災担当として奮闘した仲間です。私たちはまるで戦友に再会したかのような喜びに浸りました。あの喜びは、まさに共に不幸を乗り越えたからこそ味わうことができたように思います。

つまり、不幸を不幸で終わらせるか、それとも普通では得難いほどの幸福に変えることができるかは、自分次第なのです。そのために熟慮が必要だというヒルティの思想には、まったく感服します。

私たちの身の周りには不幸がたくさんあると思います。多分幸福より不幸のほうが多いのではないでしょうか？　とするならば、今からでも遅くはありません。自分が不幸だと思うことをリストアップし、それぞれに向き合うのです。そうすることで、なんとかその経験をプラスにできないかと考えてみるのです。

犯人に散弾銃で撃たれ、失明を含む大けがを負わされた警察官が、それでも苦しみを乗り越え、自らの教訓を若い警察官に伝えようとされているニュースを見ました。人はどんな不幸も何かのプラスに変える力を持っているのです。不幸に負けてはいけません。私も、そしてあなたも……。

まとめ

不幸に向き合うことで、幸福になれる。

気高く生きる

皆さんは虚栄心や名誉心に溢れているほうですか？　ヒルティはそんな虚栄心や名誉心を捨てて気高い心を持てといいます。いったいどうしてでしょうか？

引用（ヒルティ『幸福論』）

虚栄心と名誉心とは、つねに悪いしるしである。なぜなら、どちらも結局は自己否定に基づくものであって、そうした自分の内的不満を、うわべを装うことや他人の好意ある判断で補おうとするのにほかならないからだ。

わかりやすくいうと…

虚栄心や名誉心はネガティブな心の表れだから、払拭しなければならない。

ヒルティは虚栄心と名誉心を批判しますが、これらはそもそもどういったものなのでしょうか。というのも、たまに使う割にはよく意味がわからない言葉でもあるからです。まず虚栄心とは、手元の辞書『大辞泉』によると、「自分を実質以上に見せようと、みえを張りたがる心」だとされます。そして名誉心とは、「名誉を手に入れようとする気持ち」とされます。名誉とはすぐれた評価のことを指すので、この場合すぐれた評価を得たいと思う気持ちのことをいうわけです。

つまりいずれも、人からよく思われたいと思う気持ちにほかなりません。だからヒルティは、これらが自己否定に基づくものだといっているのです。本当は自分に自信がなくて、自分がたいしたことない人間であることもわかっている。でも、それを隠すために虚勢を張るわけです。

もし本当にすごい人間なら、そのようなことを人にアピールせずとも、皆認めてくれるはずです。だから自分もわざわざ虚栄心や名誉心など持つ必要もないのです。中途半端に自分の能力をかいかぶっている人、またその中途半端さゆえに本当に優秀な人に対してコンプレックスを抱いている人ほど、そのような感情を抱いているのです。

面白いのは、だからといってヒルティが謙虚であればいいといっているわけではない点です。謙遜にすぎる人は、逆に信頼できないといいます。なぜなら、その背後に強烈な虚栄心と名誉心が潜んでいるからだそうです。つまり、謙遜は虚栄心や名誉心の裏返しだというわけです。

そこで、このようないやらしい感情を払拭してはじめて、人は気高い心を持つことができると主張します。では、どのようにして払拭するのか？　ヒルティはそのための方法については論じていないものの、払拭できたかどうかのテストについて言及しています。それを応用すればいいと思います。

つまり、気高い心を持つ人は、長く不幸に陥っている人に対して、いつまでも同情心を持ち続けるというのです。それに対して、虚栄心や名誉心に毒されている人は、すぐに匙を投げるというわけです。

ですから、逆に虚栄心や名誉心を払拭したければ、長く不幸にある人に寄り添い続ければいいのではないでしょうか。そうすれば、自分も変わっていくように思うのです。実はこれは私の経験に根差すものです。私もかつては虚栄心や名誉心に溢れていました。だからこそフリーターから這い上がれたのですが、あるとき、いつまでもそれではいけないことに気が付きました。

だんだん周囲から人が離れていったのです。最初は自分が悪いなどとは思ってもみませんでしたが、よく考えてみれば、誰もそんないやらしい人間と付き合いたくはありません。そして過去を振り返り、かつての自分と同じように苦しんでいる人たちのアドバイスをするようになりました。そのうち自分が変わっていったのです。蹴落とすことから、寄り添うことを覚えたのでしょう。

そんな私に対して、勢いがなくなったなどという人もいます。はたしてそうなのでしょうか？　私自身は向上心を捨てたわけではありません。ただ、素直に生きることにしただけです。これが正しいのかどうかはわかりませんが、ヒルティによるとこのほうが幸福になれるようです。たしかに今幸せなので、おそらく彼のいうとおりなのでしょう。

まとめ

虚栄や名誉にこだわらなくなれば、幸福になれる。

誠実さに勝るものなし

皆さんは誠実なほうですか？　不誠実な人についてどう思いますか？　ヒルティは誠実さがすべての悪い性格を帳消しにするとまでいいます。いったいどうしてでしょうか？

引用（ヒルティ『幸福論』）

人間の最も悪い性質はうまれつきの不誠実である。この性質があったなら、ほかのどのようないわゆる良い性質も、すべて何の役にも立たず、かえってその人をますます危険な人間にするばかりである。

わかりやすくいうと…

不誠実さは良い性格を台無しにし、危険な人間にする。

ヒルティは不誠実であることを最悪の性格とみなすと同時に、誠実であることを最良の性格とみなしています。不誠実だとほかのすべての良い性格を台無しにし、逆に誠実だとすべての欠陥をカバーするといいます。

たしかに誠実であれば、失敗も許されます。失敗はしたけど、誠実にやって、かつ誠実に謝っているのだからということになるのです。では、誠実さの本質とは何なのでしょうか？偶然にもヒルティは「誠実さこそドイツ民族の最も偉大な性質」であるといっているのですが、私が誠実さの意味を真剣に考え始めたのも、ドイツの哲学者ヘーゲルのおかげなのです。

ヘーゲルは市民社会において求められる精神として、まさにこの誠実さを掲げていました。なぜなら、市場においては、誠実でないと取引できませんし、また地域社会においても、誠実でないと相互扶助の輪から排除されてしまうことでしょう。

つまり、市民社会を成り立たせているのが、誠実さという精神だといっていいのです。そう考えると、ヒルティが誠実さを重視するのもよくわかります。人間社会においては、誠実さこそが人を信頼し、行動を共にするための共通規範のようなものなのです。誠実でなければ、相手にされないということです。誰だって、一緒に行動した結果、裏切られたり、不愉快な思いをしたくはありませんから。

そんな不誠実な態度の例として挙げられるのが、忘恩行為です。ヒルティもこれについて、「心の底から卑しい人間の明らかな特徴は、忘恩である」として論難しています。恩を忘れるというのは、たしかにひどい行為です。人間は恩を受けるから、相手にまた恩を返すのです。その繰り返しが網の目のようになって、社会が成り立っているといっても過言ではありません。

その意味で忘恩行為は、社会の基礎を揺るがしかねない卑劣な態度なのです。なかでも、恩を受けたくせに、こっちのほうがやらせてやったという態度を取る人がいます。ありがた迷惑だったとでもいわんばかりに。ヒルティはそういう態度を強く批判します。

特に日本では恩返しは重要です。この狭い島国で人々が仲良くやっていくためには、助け合い、その恩を返すというのが不可欠だからです。したがって恩知らずは痛烈に非難されます。

とはいえ、恩はそう簡単に返せるケースばかりではありません。私にも何人かの恩人がいて、いつも気にはしているものの、なかなか恩返しするきっかけがないのです。そこで勝手に、自分の活躍が恩返しだと思い込むようにしています。ずるいといわれるかもしれませんが、そういう気持ちが大事なのです。
　そしてもしそのことを表明できるきっかけがあれば、今の私があるのはあなたのおかげですといいたいと思っています。これが誠実な態度なのではないでしょうか。私も欠点だらけですが、それらをカバーするためにも、この誠実さだけは失わないようにこれからも頑張っていきたいと思います。

まとめ

誠実でありさえすれば、すべてうまくいく。

苦しいときに本質は現れる

皆さんは自分の本当の性格を知っていますか？　ヒルティは苦しいときにこそそれが明らかになるといいます。いったいどういうことでしょうか？

引用（ヒルティ『幸福論』）

素質的にすぐれた性格の人は、苦難の時に最もよくその人柄がわかる。なぜなら、そういう時に、その人の本質のもろもろの可能性が一層はっきりと現れるからである。

わかりやすくいうと…

苦しい時にその人の性格がわかる。なぜなら色々な可能性が試されるからだ。

優れた素質とは何か？　まずヒルティは器量を挙げます。ここでいう器量は、生まれ持った能力としてとらえればいいと思います。ヒルティによると、猫がどれほどライオンに似ていても決してライオンにならないように、それは変えることができないものだというのです。ところが、苦難を経験することで、器量を高めることは可能だといいます。

苦難は人を成長させるのです。誰でも問題がなければ好きなことがいえます。自分は能力があるだとか、そんなことは簡単だというふうに。ところが、いったん問題が発生すると、そういうわけにはいかなくなります。だからヒルティも、苦難のときこそその人の人柄がわかるというのです。

未知の状況に対して、その人の持つあらゆる能力、可能性が試されます。悪くいうと、その人の地が出るわけです。普段はおとなしい人が、急に取り乱して怒鳴ったりということもあるでしょう。その人の本当の力が試されるのは、そうした状況なのです。

これに関しては、私も反省するところが多々あります。普段は温厚なほうだと思うのですが、いくつも問題が重なるとさすがにイライラします。そんなとき、運悪く態度の悪い生徒がいると、つい大きな声を出してしまうのです。

もちろん生徒のほうはそれだけのことをやっているわけですから、怒られて当たり前です。ひどいときには、人が話しているのに漫画を読んでいて、見つかっても悪びれたそぶりすらしない。これはムカッときます。

ただ、そこまでイライラしていなければ、つまり苦難のときでなければ、私も大きな声を出すことはないでしょう。ということは、やはり大きな声を出すというのは、自分の力不足、人間力不足の現れなのです。おそらくそこで出してしまった声の大きさに比例して、同じだけ大きな信頼を生徒たちから失ったことと思います。

そうなのです。苦難のときをうまくやりすごせないと、信頼を失ってしまうのです。これは自分だけでなく、友人についてもあてはまります。困難なときこそ友人の価値が試されるのです。困ったときに助けてくれないような友人は、友人ではありません。それはただの友人もどきです。ヒルティもそんな人間とは早く離れたほうがいいといいます。

彼は友人には二種類あるとしています。一つは、「道が気持ちよく、少なくとも楽に歩ける間だけ、われわれの道づれとなる人達」、もう一つは、「どんな事情でも、なんら疑うところなく、常にわれわれの味方になる人達」です。

ヒルティは当然後者の友人が本当の友人だといいたいわけです。たしかに、昔ただ楽しく遊んだだけの友人はもう今、付き合いもなくなっています。でも、自分が苦しいときに助けてくれた友人とは、さほど楽しく遊んだわけではないですが、今も交流があります。おそらくそれは、私自身が彼を大切にしているからでしょう。

もしあなたが、自分の友人がどれほど自分のことを気にかけてくれているか心配なら、一度試してみればいいと思います。苦しいときに助けを求めるだけですぐわかります。悲しい結果になっても受け止める覚悟は必要ですが、長期的に見れば早くわかったほうがいいかもしれません。

まとめ

苦しいときにこそ人の本質が明らかになる。

人の役に立つ

人の役に立つこととは何でしょうか？　皆さんは何か人の役に立つことをしていますか？
ヒルティはそれが自分にとっても、また他者にとっても幸福になるといいます。

引用（ヒルティ『幸福論』）

世人のために大きな奉仕をする機会など、そうざらにあるものではない。これに反して、ささやかな喜びを誰かに与えることは、いつでも、どこでも出来る、たとえそれがただ親しげな挨拶であったとしても。

わかりやすくいうと…

大きなことで人の役に立つのは簡単ではない。でも、挨拶など小さなことで人の役に立つのは簡単にできる。

よく「人の役に立つ仕事がしたい」という人がいます。でも、人の役に立つというのは、簡単なようで難しいですね。なぜなら、大きなことをするのは大変だからです。戦争を終わらせるとか、ガンに効く薬を発明するなどということが急にできるわけありません。ところが、役に立つというのは小さなことも含むので、それならいくらでもできます。ただ、私たちは日ごろそのことに気づかないのです。

これは私も苦い経験があります。そもそも20代前半、商社マンだった私が会社を辞めたのは、もっと直接的に人の役に立ちたかったからです。台湾で民主化運動に影響されたこともあって、日本の民主主義をもっと活性化しようなどと目論んでいました。今から考えるとすごく大きな話です。それが失敗の原因でした。

大きいことしか頭にないと、それができない時点で挫折を感じてしまいます。結局私は、その後何もできずにフリーターになってしまったのです。幸いその後何年もたってから、自分にできることをやるべきだと気づき、なんとか市役所に入庁するわけですが。

たとえば、ヒルティにいわせると、親しげな挨拶だけでも十分人の役に立つのです。たしかに、朝気持ちよく挨拶してもらえると、それだけで幸せな気分になるものです。別に凝ったことをする必要はありません。ヒルティはこんなふうにいっています。「人との最上の関係は大体、会う人ごとに素朴な、自然な、誠実な親しみで接することから生じる」と。

要は、自然体で挨拶すればいいのです。人の役に立つということは、その人を気分よくさせてあげることであって、それは相手が不自然に思ったり、違和感を感じないようにするということです。

もし朝から目が合っても挨拶もしない、睨んでくるというようなことがあったら、それは不自然ですよね。だから気分が悪くなるのです。それと同じで、変に愛想がよすぎるのも不自然だといえます。そういうのはかえって迷惑になるのです。

ヒルティも、気前よく振る舞うことによって、無理に称賛を得ようとする人を非難しています。それは利己主義にすぎないと。利己主義が人に役立つわけありません。人に役立つというのは、相手のことを考えてはじめて成り立つことだからです。

ただ、面白いのは、ヒルティがそうした関係を相互のものとしてとらえている点です。お互いに与え合うことではじめて、いい人間関係が構築され、長続きするというのです。人の役に立つということは、ある意味で支え合いですから、一方的な行為であってはいけないということでしょう。

もちろん、自分ばっかりあの人の役に立っているなどという気持ちになること自体問題ですが、自分は挨拶するのに相手は一向に挨拶を返してくれないというのでは、そのうち嫌になってきます。挨拶されるのが嫌なのかなと思って、こっちもやめてしまうことになりかねません。人の役に立つというのは、常に相互性を前提としていることを忘れてはいけません。お互い幸せな気持ちになることが大事だということです。

まとめ

挨拶だけでも人の役に立つ。そしてそれは人を幸せにする。

真の教養とは？

皆さんは教養があるほうだと思いますか？　ところで、そもそも教養とは何でしょうか？　教養と幸福の関係について考えてみましょう。

引用（ヒルティ『幸福論』）

一般的教養の最大の成果は、各人の人格を健全に、かつ力強く発達させて、豊かにして完き、精神的に満ち足りた人間生活を送らせることでなくてはならない。

わかりやすくいうと…

教養とは、人格を発達させて豊かにし、精神的に満ち足りた生活を送るためのものである。

私は基本的に学校で一般教養を教えています。そういうと、学生はつい私の科目を軽視しがちなのですが、本来教養とは最も大切な分野であるといえます。ヒルティはまさに一項目を割いて、そのことを論じてくれています。

まず彼は教養という言葉の定義から始めます。教養とは、「形のない生《なま》のままの状態を、それが可能なかぎり最上のものへ発展した状態、あるいは少なくともそれに向かって妨げなく成長しつつある状態に仕上げること」だといいます。

つまり、一言でいうならば、人間が成長することを教養というわけです。ただ、どのように成長してもいいというわけではありません。正しい方向に成長しないと、教養が身に付いたとか、教養があるとはいえないのです。

そのためにヒルティが掲げるのが、次の三つの条件です。一つ目は、「生来の官能性と生来の利己主義とをより高い関心によって克服すること」。二つ目は、「肉体と精神の諸能力の健全な均斉のとれた発達」。三つ目は、「正しい哲学的・宗教的人生観」です。

簡単にいうと、一つ目は倫理観、二つ目は心身のバランス、三つ目は人生観ということになりましょうか。この三つを身に付けてはじめて、教養があるといえるわけです。逆にいうと、教養教育というときには、この三つがきちんと身に付くような教育をしないといけないのです。

たとえば、私の教えている哲学を例に取りあげて考えてみたいと思います。哲学は決して暗記科目ではありません。ところが、しばしば大学においてでさえも、知識を覚える学問であるかのように誤解されているのです。ヒルティもその状況を嘆きます。彼の時代はすでに今から200年ほど前ですが、そういう傾向が始まっていたということです。まさに知識偏重の近代教育の弊害です。

では、どうすればいいのか？　ヒルティはこういいます。「現実の生きた生活で実証もされず、また実行もされないような哲学は、役に立たない」と。ということは、もっと実生活や実社会に役立つように、哲学を学べばいいわけです。そうしてはじめて、倫理観や人生観が身に付くのです。

クイズ番組でしか使えないような単なる知識では意味がないですし、机上の空論でもだめなのです。実際に生きて行くうえで、役立つものとして身に付ける必要があるということです。これは哲学に限った話ではなく、あらゆる教養科目について当てはまる事柄です。

もしかしたら、一見私たちのイメージする教養とは相反するものであるかのように思われるかもしれませんが、決してそんなことはありません。教養イコール純粋な知識というのは間違っていて、むしろ使える知識こそが教養なのです。そうでないと、精神的に満ち足りた生活を送ることなどできませんから。

つまり、使える知識としての教養を身に付けることで、私たちは心身ともに幸福な人生を送ることが可能になるのです。その意味で、真の教養が幸福な人生を導くといっても過言ではないでしょう。

まとめ

実生活に役立つ教養を身に付けることで、幸福に生きて行くことができる。

平たんな人生などない

皆さんの人生はスムーズですか？　それとも山あり谷ありですか？　ヒルティは山あり谷ありの人生のほうが幸福だといいます。それはなぜなのか、一緒に見ていきましょう。

引用（ヒルティ『幸福論』）

どのような人生行路にもすべて段階があるということ、そして、およそ価値ある生涯ならば、たとえば牧場をさらさらと流れる澄んだ小川のようにまるで変化のないものではなく、あるいは、人工の運河のように始めから終りまで一直線に走ってゆくものでもないということである。

わかりやすくいうと…

人生には段階がある。しかも価値ある人生は、決して平たんではない。

誰もがやるのと同じように、ヒルティもまた人生を旅にたとえます。ただし、そこには段階があるというのです。しかも、その段階はスムーズにゴールへとつながってはいません。なぜなら、人生の各々の時期には、それぞれの目的と任務があるからです。

子どものときには子どもらしい無邪気さを残す、青年時代には活動力を生み出す新鮮さを残す、壮年時代には思想と感情の円熟を、また老年期には今後の偉大な発展のために準備するという目的があるのです。

逆にいうと、しかるべきときにしかるべき目的をきちんと果たしておかないと、うまく成長しないし、幸福になれないということです。ヒルティもとりわけ子ども時代にきちんと無邪気さを経ておかないと、他人にいい影響を与えるような完全な人間にならないといいます。

私たちはつい、常に壮年時代のような安定した人生を生涯望みがちですが、それは決していいことではないのです。特に若いうちは紆余曲折あるくらいのほうがいいのです。だいたい人生がずっとうまくいくわけありません。ですから、ずっと安定しているような人生を充実した人生ととらえるのは間違っているのです。

ヒルティは人生には三つの時期があって、うまくいく時期とそうでない時期が交互に現れると論じています。たとえば、最初うまくいくと、その後厳しい時期があって、また最後はよくなるというふうに。

これはたしかに一理あるように思います。人間、うまくいくと調子に乗るからです。それで失敗するのです。そしてまたその失敗を乗り越えて、成功します。最初がだめな人は、努力してうまくいくのですが、そこで調子に乗って失敗するというように。そう考えると、いつか失敗の時期が来るに違いないと身構えてしまい、生きるのが不安になりそうです。

ところが、ヒルティはむしろ苦労する時期がないといけないといいます。そうでないと、自分も正しい道に達しないし、人の痛みもわからないというわけです。では、この場合、いつの時期がうまくいけば、人生はうまくいったといえるのでしょうか？

おそらくそれは人によるのでしょう。若いころの成功を誇りにして、生涯幸福に生き続ける人もいます。スポーツ選手などはそうかもしれません。あるいは逆に、貧乏で苦労したけれども、最後は安定を手に入れたような人は、老年期こそ幸福だったというかもしれません。一つだけたしかなのは、ヒルティがいうように一度は苦労しないと、幸福を感じることはできないということです。だからその苦労の時期と比較して、幸福を感じられる時期があるなら、それがいつであれ、人生は幸福だったといえるのではないでしょうか。

ちなみに私は、子どものころから30歳までずっと苦労してきました。30代から今まではそこそこでしたが、それでもまだ苦労に比して幸福が少ないような気がしています。ということで、40代後半の今から老年期にかけて幸福が訪れると信じているのですが……。いや、幼年時代を暗く過ごした人は、生涯その影をとどめるらしいので、もしかしたらこのまま真の幸福を感じずに終わるのかも!?

あとはヒルティが述べている次の言葉を信じるだけです。「人間は、盲目的に支配する運命の意のままに盲従する奴隷でもない」。ポジティブに頑張ります。

まとめ

人生の段階は平たんではないが、だからこそ幸福を感じることができる。

揺るぎない幸福

幸福に種類はあるのでしょうか？　ヒルティは、それを世俗的なものと精神的なものの二つに分けます。精神的な幸福とはいったいどういうものなのでしょうか？

引用（ヒルティ『幸福論』）

読者のなかに、神のそば近くあるということを、いささか「神秘的」にすぎると思う人があるならば、「偉大にして真実な思想に生きる」という表現に、しばらく代えてみてもよい。

わかりやすくいうと…

神を信じることで得られる幸福という表現が神秘的なら、偉大な思想を持つことで得られる幸福と置き換えてみるとわかりやすいだろう。

ヒルティは二種類の幸福があるといいます。彼はそれを、ある中世のキリスト教の著述家の言葉を使って表現しています。「一つはつねに不完全なものであって、この世のさまざまな宝をその内容とする。いま一つの幸福は完全なものであって、神のそば近くあることが即ちそれである」と。

いわば世俗的な幸福と、神を信じることで得られる精神的な幸福です。しかも世俗的な幸福のほうは不完全で、精神的なほうは完全だというのです。世俗的な幸福の例としては、財産を持つことや名声等が挙げられます。たしかにこうした例を見ると、不完全ということの意味も理解できるような気はします。

お金があっても、名声があっても、心が空虚だと幸福感を得られないからです。そんなものは精神的な充実を求める人にとっては、ただのアクセサリーにすぎません。だからヒルティも、これらの幸福には何かが不足しているというのです。

最初彼が、健康さえ不完全な幸福の例として挙げているのには驚きましたが、何かが不足しているという説明でよくわかりました。健康はいずれ失われるものだからです。ある日突然失うことだってあります。そんなとき、健康を最大の幸福に据えていたらどうなるか？きっとショックで立ち直れないことでしょう。でも、病床でも幸福な人はいます。どんなに体が不自由でも幸福な人はいるのです。これは完全な幸福を持っている人です。

その完全な幸福感こそが、神を信じることで得られる幸福にほかなりません。神という存在が完璧である以上、理論的にも欠けるところがないのです。ただ、ヒルティはそれだとキリスト教徒のように神を信じる人しか幸福を得られないことになり、説得力に欠けるのをよく意識しています。

そこで彼は、神のそば近くあるという神秘的な表現を、「偉大にして真実な思想に生きる」と言い換えるのです。つまり、寄りかかるのは、必ずしもキリスト教の神である必要はなく、神である必要さえないわけです。そうではなくて、自分の信念でいいのです。

自分の中に揺るぎなき信念さえ抱いていれば、常に幸福を得ることができる。そう解釈していいでしょう。たとえば、私は無神論者なので、特定の宗教を信じていません。でも、ヒルティのいうような完全な幸福を持っているような気がします。おそらくそれは、哲学を持っているからでしょう。

哲学によってあらゆる物事を吟味し、それらに対して揺るぎない答えを持っているのです。それは揺るぎない信念を持って生きているのと同じことです。つまり、人がなんといおうと、それに動じることなく、自分なりの答えを主張することができるのです。

そう考えると、結局幸福とは、自分で物事に納得していることなのだと思います。その際、神を使う人もいれば、哲学を使う人もいる。あるいはまったく別の何かを使う人もいる。手段はなんでもいいのです。大切なのは、永続的にそれでもって幸せであり続けることができるかどうかです。

まとめ

幸福には二つある。一つは世俗的な幸福、もう一つは神を信じることで得られる精神的な幸福である。

あなたは神を信じますか？

皆さんは神を信じますか？　どうして人は神を信じるのでしょうか？　はたして神は幸福をもたらしてくれるのでしょうか？　ヒルティの幸福論の核心に迫ります。

引用（ヒルティ『幸福論』）

神を信ずる人々にとっては、すべての憂いがしだいに消えて、その代わりに、ある確かな信念が生まれる。すなわち、一切のことが必ず良くなるに相違なく、そして何ごとも、たとえば不幸にせよ、人の悪意や怠慢にせよ、自分の過ちにせよ、ほんとうの禍いをもたらすことはないという信念がわいてくる。

わかりやすくいうと…

神を信じれば憂いが消え、幸福になれる。

ヒルティの幸福論は、キリスト教に基づいているという話を何度かしてきました。ただ、あまりその文脈を強調すると、キリスト教徒でない方、あるいは宗教をまったく信じていない方にとってはかえってわかりにくいのではないかと思い、あえて一般的な事柄に置き換えてお話をしてきたわけです。

ただ、一度くらいは信仰ということによってもたらされる幸福についても、正面から論じておきたいと思います。実際、世界の9割ほどの人たちが、何らかの信仰を持っています。しかもその歴史は人類誕生の歴史に匹敵するものです。人間の本質を信仰に見る立場もあるくらいです。

ですから、これは幸福にとっても避けては通れないテーマだといえます。たしかに引用文にあるように、すべての憂いが消えるとまでいわれると、宗教心のない人には怪しささえ感じられるかもしれません。でも、ヒルティは正直にいっています。憂いがなくなるのではなく、まるで憂いを知らないかのように生きることが可能なのだと。

これならわかるような気がします。というのも、人間は気を紛らわせることができる生き物だからです。あえて意識をコントロールすることで、嫌なことを考えないようにしたり、忘れたりできます。そのために信仰が役立つというのなら、怪しい話でもなんでもなく、きわめて合理的な方法といえるでしょう。

ただ、信仰が誰かの言葉である以上、それを信じるには何かのきっかけが必要です。いくらいい言葉でも、自分の側にそれを受け入れる態勢が整っていないと、響かないからです。ヒルティはそれを「導き」あるいは「驚くべき出来事」と呼びます。要は神の啓示のことです。とはいえ、急に雷が落ちてくるとか、大天使が現れるというような話ではなく、実際には小さな偶然の集まりにすぎないのです。

たとえば、ちょうど求めていた言葉を書物の中に見つけたとか、九死に一生を得るとか、不思議とアイデアが思い浮かぶとか。そんな偶然の積み重ね、あるいはたった一つの出来事でも、あまりにタイミングがいいと、神の存在を思い浮かべてしまうわけです。そんなの偶然だとか確率の問題だという人もいますが、その偶然をもたらしたものは何なのか、その確率をもたらしたものは何なのかを考えると、どうしても神に行き着きます。

無神論者の私でさえ、思わず「神様ありがとう」といってしまうことがあります。ここで「ありがとうございます」でないところが、無神論者なのですが。これはおそらく、特定の神様は信じていなくとも、何か自分だけではどうすることもできない大きな力、大いなるものがあることは漠然と認めているからでしょう。

そんな大いなるものの存在さえ認めていれば、ヒルティの話はよく理解できます。そして信仰による幸福があり得ることも理解できます。もし信じることで救われるなら、それに越したことはありません。最後の手段として、誰しもそのカードを持っていてもいいのかもしれませんね。苦しいときの神頼みではないですが、どうしようもなくなったとき、それでも何か最後の頼みの綱があるとしたら、それだけで幸せでしょうから。

まとめ

信仰による幸福は最後の頼みの綱。

病気から得られること

皆さんは病気になったことがありますか？　それは不幸だと思いますか？　ヒルティは病気をきっかけに幸福になる方法を説いています。

引用（ヒルティ『幸福論』）

しかし、病気もまた大きな幸福となりうる。すなわち、病気は一種の浄化作用であり、健康なときにはなしえなかったろうと思われる、より高い人生観への突破口となることができる。

わかりやすくいうと…

病気をきっかけに、健康のありがたみを知り、逆に幸福になることができる。

ノーベル賞受賞者の山中伸弥京大教授が、テレビでこんなことをいっていました。遺伝子の研究が進んだことで、今は誰もが多くの病気を持っていることがわかったと。だから正常とそうでないことの境界があいまいになっているというのです。

たしかに、何が病気で何がそうでないかは、時代によっても変わってきます。その意味で、完璧な人間などいないのです。誰もが何かを抱えて生きている。その何かの程度や種類に違いがあるだけです。面白いのは、200年も前の哲学者であるヒルティが似たようなことをいっている点です。彼はこういいます。「人間の体のように複雑な有機体では、そのどこかにすぐ故障が起こりやすいのは当然である」と。

だから私たちは病気に対してもっとポジティブになる必要があるように思うのです。病気だからといって恐れたり、不幸に感じるのではなく、病気を受け入れることが大事です。まさにヒルティのように、より高い人生の突破口になると考えるのです。

これはあながち精神論ではありません。誰しも大病をすると、精神的に強くなるといいます。大きな困難に立ち向かうとき、人はそれまでになかった力と勇気を発揮するものなのです。そしてそれを乗り越えたとき、一回りも二回りも成長します。

さらに、病気のおかげで健康のありがたみを知り、小さな幸福に感謝するようになります。だからその後は幸福に生きて行けるようになるのです。くだらないことに振り回されることもなく。

私は30代の半ばに手術して、2週間ほど入院したことがあります。

痛み、苦しみ、我慢……。排泄もままならず、食べたいものも食べられませんでした。そのときの地獄の経験があるから、健康に感謝するようになったのです。それまでの生活はもうむちゃくちゃでした。とりわけ睡眠を軽視していました。でも、睡眠ほど大事な健康法はありません。ヒルティもそのことをいっていて、高等動物のみに許された特権とも表現しています。せっかくの特権ですから、寝ないなんてもったいない！　有効に活用すべきです。

私は寝たいときに寝るようにしています。赤ちゃんみたいですが、最近は国も昼寝の効用を認めて、奨励し始めたくらいですから、どうやら私は間違っていなかったようです。

しかしそれ以上に、ヒルティの挙げているものの中で私が一番共感した健康法は、次のようなものです。「この世の中で最も健康な生活は、清らかな心とすぐれた思想を持ち、たえず有益な仕事をしながら単純な生活を送ることである。ほかのどんな健康維持法も、効果の点でこれに及ぶものはない」。

そうなのです。優れた思想と有益な仕事。不規則でハードな生活の中でも、私が不思議と健康でいられるのは、この二つがあるからです。おそらく精神的な安定が一番の薬だということでしょう。逆にストレスは万病の元といいますから。幸福でいたいなら、ストレスを溜めずに、何より精神の安定を保つよう努める必要があるわけです。

まとめ

病気は不幸ではない。むしろそれは幸福へのきっかけとなる。

☘ 自分がなすべきこととは？

皆さんは、好きなことを見つけましたか？　それは自分の仕事と関係ありますか？　ヒルティは「何をなすべきか」と問いかけます。さて、あなたの答えは？

引用（ヒルティ『幸福論』）

人々がその内的もしくは外的生活の経過のあいだに何か重大な出来事に出会って、平凡なこの世の生活の惰眠から愕然として目覚めたとき、あるいはまた、とにかくもっとまじめな生き方が可能であり、それが願わしいものだという感銘を受けたとき、彼らがまっ先きに発する問いは―それをはっきり口に出そうと出すまいと―、つねに、「われらは何をなすべきか」である。

わかりやすくいうと…

何か大きな問題にぶつかって、それまでの自分を反省した人は、皆「何をすべきか」と問い始める。

「われらは何をなすべきか」。ゴーギャンの名作「我々はどこから来たのか　我々は何者か　我々はどこへ行くのか」を彷彿とさせる言葉です。つまり、ヒルティは、人間が生きる意味を問い、そこから幸福に生きる方法を提示しようとするのです。

すでに紹介してきたように、彼の幸福論は基本的にキリスト教の文脈の中で展開しているわけですが、この問いもまた宗教の文脈を超えてあらゆる人に当てはまるものであるように思います。

たしかにヒルティのいうように、人生における困難にぶちあたったとき、私たちはふと気づきます。「自分はこんなことをしていていいのだろうか？」と。私が最初商社を辞めたときも、まさにこのような問いを心の中で発したような気がします。台湾で民主化のために闘う人たちを見て、半ば拝金主義に陥っていた自分が嫌になりました。そして立ち上がろうとしたのです。

しかし、当時の私には何をすべきかよくわかりませんでした。気持ちだけが先走っていたのです。ヒルティは、人生には信仰と行為の二つが必要だともいっています。行為には使命のいいつけが必要なのだと。

まったくその通りだと思います。ここでの信仰は思想や信念と読み替えてもいいかと思いますが、当時の私にはそのへんがあいまいでした。漠然としていただけでなく、かっこよさのような邪《よこしま》な動機に駆られていただけだったのかもしれません。したがって、そうした動機に基づく行為もたいしたものにはなりえません。あのときヒルティの思想を知っていたら、もう少し早く幸福を手に入れていたことでしょう。

では、しっかりとした信念を持って行動するにしても、いったい何をやればいいのでしょうか？　ここでヒルティは大事なことをいっています。つまり、「何をなすべきか」と問い、信念に基づいて行動するということは万人に当てはまる一般的訓令だけれども、その中身は、人によって異なるということです。

彼はカーライルという人物の処世訓を引きながらこういいます。「自分の仕事を知り、それをなせ」。つまり、何をやるかについては、自分でその対象を見出さなければなりません。そして人によって適切なものがあるのです。まずはその適切なものを見つけなければなりません。

私もそれを見つけるのに時間がかかりました。36歳のときに哲学の研究者になったわけですが、私の36年間は、それを見つけるための長い旅であったような気がします。

若い人にいつもいっていることがあります。「好きなことを見つけよ」という言葉です。人間は好きなことは一生懸命やります。ほうっておいても、それに関することだけは自分で積極的に学び、身に付けていくのです。だから当然得意にもなります。皆がそういうものを仕事にすれば、ポジティブに生きて行けるし、人の役にも立ちます。だから、人生で最初に一番するべきなのは、好きなことを見つけることです。

そのうえで、次にやらなければならないのは、その好きなことを追求することです。そうすれば自ずと幸福は手に入ります。われらは何をなすべきか？ それが私の答えです。

まとめ

好きなことを見つければ、幸福になれる。

おわりに　生そのものを喜ぶ

さて、三大幸福論はいかがでしたでしょうか？　前書きにも書きましたが、私の究極の目標は、読者の皆さんに人生の目標を見つけていただくことです。言い換えると、それが人生における幸福の意味になるわけです。

一言でいうと、アランは楽観的になること、ラッセルは興味を持つこと、ヒルティは信念を持つことに、それぞれ幸福を見出していたと思います。私はというと、これらのエッセンスをすべて総合して、「生そのものを喜ぶ」ことに幸福を見出しているように思います。生きることをポジティブにとらえ、自分を信じ、何事も受け入れる。これが生そのものを喜ぶということの意味であり、私が三大幸福論から学んだ結論といっていいでしょう。

三大幸福論の力、あるいは素晴らしさとは、この圧倒的な生の肯定にあるといっても過言ではありません。生きることには苦しみを伴います。もちろん楽しいこともありますが、残念ながらそれはたまにしか訪れません。したがって、たまたま嫌なことが続くと、心が折れそうになるのです。

ところが実際には、私たちは心の持ちよう次第で、何気ない日常を楽しむことができます。客観的には何も変わらないのに、日によって気分が違うのはその証拠です。三大幸福論が訴えかけてくるのは、そうしたメッセージにほかなりません。普段気づかない日常の喜び、生そのものの喜びを気づかせてくれる。それが世界中で三大幸福論が読み継がれる最大の理由なのです。初めて三大幸福論を読んだとき、少なくとも私はそんな感想を持ちました。

その意味で、三大幸福論はポジティブ哲学の古典であり、私の訴えたいことがふんだんに詰め込まれたメッセージの貯蔵庫だといってもいいでしょう。そんな貯蔵庫から21世紀の日本人に通じる珠玉の言葉を選び出し、皆さんの心に直接的に響くように調理したのがこの『ポジティブ哲学!』という本なのです。

皆さんも『ポジティブ哲学!』について何らかの感想を持たれたと思いますし、中には幸福の意味を見つけた、人生の目標が見つかったという方もおられることと思います。ヒルティがいっていたように、中身はなんでもいいのです。それぞれが自分のやるべきこと、やりたいことを見つけて、それに邁進すればいいのですから。

そういう人たちが集まってはじめて、幸福な社会ができるのでしょう。現実はそうはなっていませんが、そんな社会を作る必要があります。皆が経済成長だけを目指すような社会、ましてやそれを押し付けられる社会などとんでもありません。むしろそれは不幸な社会であります。

それぞれの人がそれぞれの楽しみを追求できるのが理想です。そのためにも、まずは自分自身が生そのものを喜ぶ必要があります。どんな時代にあっても、幸福は自分で見つけることができるはずです。生きるということはそれだけで素晴らしいことなのです。

さて、本書の執筆に当たっては、多くの方々に大変お世話になりました。とりわけ執筆の機会を与えてくださり、構想の段階から完成に至るまで粘り強く支えてくださった清流出版の秋篠貴子さんには、この場をお借りしてお礼を申し上げたいと思います。最後に、本書をお読みいただいたすべての方に改めて感謝を申し上げます。

2015年4月吉日　小川仁志

主な引用・参考文献

アラン 著　神谷幹夫 訳『幸福論』岩波書店　1998年
ラッセル 著　安藤貞雄 訳『幸福論』岩波書店　1991年
ヒルティ 著　草間平作 訳『幸福論』（第一部）岩波書店　1935年
ヒルティ 著　草間平作・大和邦太郎 訳『幸福論』（第二部）岩波書店　1962年
ヒルティ 著　草間平作・大和邦太郎 訳『幸福論』（第三部）岩波書店　1965年

小川仁志　おがわ・ひとし

1970年、京都府生まれ。哲学者。山口大学国際総合科学部准教授。京都大学法学部卒業、名古屋市立大学大学院博士後期課程修了。博士（人間文化）。米プリンストン大学客員研究員（2011年度）。商社マン、フリーター、公務員を経て哲学者になる。「哲学カフェ」を主宰するなど、市民のための哲学を実践している。著書に『ピカソ思考』（ディスカヴァー・トゥエンティワン）、『アダム・スミス人間の本質』（ダイヤモンド社）『世界のエリートが学んでいる教養としての哲学』（PHPエディターズグループ）などがある。

ポジティブ哲学！
三大幸福論で幸せになる

2015年6月28日 初版第1刷発行

著　者　小川仁志

発行者　藤木健太郎
発行所　清流出版株式会社
〒101-0051 東京都千代田区神田神保町3-7-1
電話 03-3288-5405
編集担当 秋篠貴子
http://www.seiryupub.co.jp/

印刷・製本　図書印刷株式会社
ブックデザイン　小口翔平＋喜來詩織（tobufune）
イラスト　樋口たつの
帯写真　本野克佳
乱丁・落丁本はお取り替えいたします。
ISBN978-4-86029-431-1